AF186114

Rowohlt Verlag GmbH, Kirchenallee 19, 20099 Hamburg

Kontaktadresse nach EU-Produktsicherheitsverordnung:
produktsicherheit@rowohlt.de

Friedrich Christian Delius:
Werkausgabe in Einzelbänden

Friedrich Christian Delius

Die Minute mit Paul McCartney

Memo-Arien

Rowohlt Taschenbuch Verlag

2. Auflage November 2023

Neuausgabe Juni 2015

Veröffentlicht im Rowohlt Taschenbuch Verlag,

Reinbek bei Hamburg, Februar 2008

Copyright © 2008 by Rowohlt Verlag GmbH,

Reinbek bei Hamburg

Umschlaggestaltung any.way, Walter Hellmann

Satz Adobe Garamond Pro OTF (InDesign) bei

Pinkuin Satz und Datentechnik, Berlin

Druck und Bindung

BoD – Books on Demand GmbH, Bad Hersfeld

ISBN 978-3-499-26973-8

Für Mara

Inhalt

Eilmeldung

London, 9.3.1967, 4.09 p.m. Hund von Paul McCartney beißt zwei junge Männer im Regent's Park. Beatle flieht, ohne Ankunft des Notarztes abzuwarten. Junge Mädchen verfolgen den Täter und fordern McCartney auf, sich zu stellen. Bei den Opfern des Beatle-Hundes soll es sich um deutsche Studenten handeln.

Memo

An einem Londoner Samstagnachmittag im Frühjahr, Anfang bis Mitte März 1967, fuhren mein Freund Bruno und ich von unserer Wohnung in der Victoria Road in Kilburn zum Regent's Park. Das Auto, einen alten Fiat 500, stellte ich an der nördlichen Parkseite ab, Bruno trug den Lederball, und wir liefen zu den Fußballfeldern, mittelgroße Plätze mit einfachen Torstangen ohne Netze. Wir schossen und kickten den Ball hin und her, mal ging der eine ins Tor, mal der andere. Auf einmal kam uns ein Hund dazwischen, ein großes, zotteliges, weißgraues Vieh, und schnappte nach dem Ball vor meinen Füßen, wollte mitspielen, und ich, kein Freund dieser Tiere, wich zurück, der Hund blieb am Ball. Nun trat ein junger Mann auf uns zu, dessen Mantel ähnlich zottelig war wie das Fell seines Hundes, rief einen Namen und sagte, sich mit einem freundlichen Lächeln entschuldigend: «Don't be afraid, she's a coward!» Unsere Sprachkenntnisse waren mäßig, wir verstanden die Bedeutung von «coward» nicht.

Erst in diesem Augenblick, als er schon abdrehte, erkannte ich das Gesicht, es war Paul McCartney. Auch Bruno hatte den Beatle identifiziert. Aber selbst ihm gelang keine Antwort, nicht einmal ein Gruß oder ein

«Good luck, Paul!». Der hatte es eilig weiterzugehen, der Hund folgte ihm. Denn neben uns, hinter Rhododendronbüschen (oder Haselnussbüschen?), war ein Schwarm junger Mädchen aufgetaucht, die juchzend und kichernd hinter McCartney und seinem Hund herjagten. Auf dem gewundenen Weg zwischen Bäumen und Zierbüschen sahen wir den Beatle immer schneller werden, auf der Flucht vor den aufdringlichen Verehrerinnen, die auch schneller wurden, aber ihn doch nicht erreichten und dafür umso lauter kreischten.

Es dauerte also ein wenig, bis wir begriffen: Das war wirklich Paul McCartney! Und wir setzten das Gekicke noch eine Weile fort. Zu Hause schauten wir ins Lexikon: coward heißt Feigling! Sie ist ein Feigling, hatte er gesagt! Nicht mal eine Anekdote, nichts weiter, aber genau aus den Wochen, in denen nebenan in der Abbey Road die LP *Sgt. Pepper's Lonely Hearts Club Band* produziert wurde. Auch davon hatten wir keine Ahnung.

Verneinung

Nicht drei oder vier, sondern zwei nicht gerade englische und keineswegs ältliche Männer fuhren mit einem
unscheinbaren Auto zu dem nicht unattraktiven Regent's
Park in London, keine zwei Meilen von ihrer Wohnung
entfernt. Dort übten sie die auf der britischen Insel nicht
unpopuläre Sportart des Fußballs aus. Mitten im Spiel
kam ihnen ein durchaus nicht kleiner, nicht ungefähr-
licher und keinesfalls lahmer Hund in die Quere. Es schien
nicht unwahrscheinlich, dass der nach dem Ball auch die
Beine der Spieler nicht verschonen würde. Allerdings trat
mit nicht unlässigen Schritten der Hundehalter hinzu
und sprach nicht ohne Ironie: «Don't be afraid!» Die nicht
schlecht verblüfften Fußballer entdeckten in ihm den in
der ganzen Welt nicht unbekannten Paul McCartney.
Aber Hundehalter und Hund liefen nicht gerade langsam
auf dem Parkweg weiter, nicht ungestört von einer nicht
kleinen Schar von nicht sehr zurückhaltenden Verehrerinnen.

Super

An einem der lausigsten, langweiligsten, märzigsten Londoner Nachmittage bei grauestem Wolkenbehang nahmen zwei junge Männer den rundesten und lederigsten Gegenstand, den sie finden konnten, und suchten die freiste, grünste und zum Spielen geeignetste Rasenfläche im Regent's Park. Sie kickten aufs fleißigste und amateurhaft sportlichste herum, bis das weißeste, zotteligste und frechste große Hundetier, das sie je gesehen hatten, ihnen das Sportgerät entriss. Sie wichen aufs ängstlichste zurück, sahen sich jedoch sogleich von einer der lieblichsten Stimmen beruhigt: «Don't be afraid, she is a coward!» In dieser Situation der tröstlichste und witzigste aller denkbaren Sätze, der vielleicht längst ins dunkelste Vergessen abgesunken wäre, wenn sein Urheber nicht der romantischste Komponist, genialste Songwriter, göttlichste Sänger und trefflichste Gitarrist der weltweit berühmtesten Band jener wildesten, drogensüchtigsten und sinnesdurstigsten Aufbruchzeit der mittleren sechziger Jahre gewesen wäre. Während Hundebesitzer und Hund mit dem allergrößten Eifer das Weite suchten, wurden sie verfolgt von einer Gruppe schönster und schamlosester junger Mädchen, die nichts Wichtigeres im Sinn hatten, als in die allernächste Nähe jener Berühmtheit zu gelangen, zu Paul McCartney.

Natur

In einer mit reichem Baumbestand (QUERCUS, TAXUS BACCATA, PLATANUS, ALNUS), prächtigem Buschwerk (CORYLUS, RHODODENDRON MAXIMUM) und soliden Rasenflächen gesegneten grünen Oase nah der Londoner Innenstadt tollten an einem vorfrühlingshaften Märznachmittag unter einer durchschnittlich grauen Wolkendecke (NIMBOSTRATUS) zwei junge Burschen (HOMO LUDENS) herum, indem sie mehrere aneinandergenähte und in die Form eines Balles gebrachte Stücke zu Leder gegerbter Haut von Rindern (BOS DOMESTICUS) mit den Füßen in Bewegung brachten. Sie suchten nicht die Nähe der Palmen und der anderen subtropischen Baumarten, nicht die Nachbarschaft des lieblichen Sees in der Mitte des Parks, sondern trieben ihr Spiel dort, wo der berühmte dichtwachsende, kurzgeschnittene, trittfeste grüne Rasen, der da und dort mit verwitterten, torartig geformten Holzstangen verziert war, genügend Auslauf bot. Sie taten das so reizend und natürlich, dass eine edle Hündin (CANIS FAMILIARIS) mit stattlichem weißem Fell sich an dem Spiel mit der Rindshaut beteiligte. Allerdings wurde das Tier von seinem Herrn, einem eiligen jungen Mann, daran gehindert, seinem natürlichen Spieltrieb zu folgen. Die Eile mag damit entschuldigt werden, dass ein höheres Naturgesetz diesen jungen Mann zum Jagdobjekt einer Schar junger Frauen oder gar Jungfrauen (VIRGO) bestimmt hatte, deren feuchte Scheiden verrieten, dass sie nichts so sehr wünschten wie die möglichst baldige Kopulation mit dem Hundebesitzer etwa unter den nahen Rhododendronbüschen, ohne Rücksicht auf die Hündin oder die verdutzten Ledertreter, die sehnsüchtig den jungen Frauen nachschauten und ihrem natürlichen Neid auf den immer schneller fliehenden Hundebesitzer freien Lauf ließen.

Girls

Also, wir waren meistens fünf oder sechs, manchmal auch zu siebt oder acht, Jane, Maggy, Liz, Sarah, Janet, Debby, Cathy und ich. Jane wohnte ja schräg gegenüber von Paul, sie lag fast jedes Wochenende auf der Lauer. Wenn er dann mit seinem Hund aus der Tür trat, rief sie sofort bei Maggy und bei mir an, sie ließ es nur zweimal klingeln, das war das Zeichen. Ich rief dann bei Debby und Sarah an, zweimal klingeln, um keine Zeit zu verlieren, Maggy informierte Liz und Cathy, und dann rannten wir aus unsern Häusern. Manchmal, besonders an langweiligen Samstagen, trafen Maggy, Liz und ich uns bei Jane und hielten abwechselnd Wache, dann ging alles natürlich noch schneller. Nein, seine Freundin kam selten mit, und es waren noch die schönen Zeiten, als ein berühmter Mann ohne Bodyguard auf die Straße und in den Park gehen konnte. Ich glaube, es war Sarah, die irgendwann mal sagte: Wir sind Pauls Bodyguards. So nannten wir uns dann, und wenn wir ihn mal erwischten, sagten wir: We want to be your bodyguards. Na ja, wir waren fünfzehn, sechzehn, was hat man da nicht alles für hübsche Phantasien! Nein, in der Woche hatten wir ja Schule, und die Beatles waren im Studio, da bekamen wir Paul eigentlich nie zu sehen. Umso mehr freuten wir uns auf das Wochenende. Wir waren schnell, wir trafen fast immer rechtzeitig am Park ein und hatten Paul in Sichtweite vor uns. Aber zu rennen wie in der Sportstunde, das wäre peinlich und irgendwie unsportlich gewesen. Also gewöhnten wir uns einen sehr schnellen Schritt an, machten Abkürzungen über den Rasen, durch die Büsche, und so gelang es uns meistens, Paul zu erreichen und zu umzingeln.

An jenem Samstag im März, ich erinnere mich, war die Gelegenheit besonders günstig, weil Pauls Hund zwei fußballspielenden Jungens den Ball wegnahm und Paul stehen blieb und mit denen redete. Leider nur kurz, aber immerhin, wir gewannen ein gutes Stück und erreichten ihn früher als gewöhnlich. Was wir von ihm wollten? Na, hören Sie mal!

Unbeschreiblich

Also, das kann man nicht beschreiben. Das muss man erlebt haben. So was passiert ja nur einmal im Leben. Also, wir spielen ganz harmlos ein bisschen Fußball im Park. Und dann springt so ein Hund dazu, und auf einmal steht da ein Mann vor uns wie vom Himmel gefallen. Ein junger Mann, so unser Alter. Dir fehlen die Worte. Du weißt nicht gleich, wer es ist, aber du ahnst sofort, das ist kein gewöhnlicher Sterblicher. Dann merkst du, das ist doch einer von den Beatles. Paul McCartney. Kein Geringerer als die Nummer eins der Beatles. Oder die Nummer zwei, ist auch egal, spielt keine Rolle, wirklich nicht. Du bist sprachlos. Und der sagt was zu dir, einen ganzen Satz sagt der, zu dir, ja. Es ist nicht zu fassen. Der spricht mit uns. Also, man muss das erlebt haben. Wie er aussah, wie er uns anschaute, wie er seinen Hund rief, das kann man nicht beschreiben. So gebannt bist du, so verzückt, ich würde fast sagen erleuchtet. Alle Wörter sind kümmerlich gegen das, was wir da erlebt haben. Es gibt keine Wörter dafür. Und wie er dann weiterlief mit dem Hund, erst da hab ich mir den Satz, den er zu uns sagte, richtig ins Herz sinken lassen: «Don't be afraid, she is a coward!» Seid nicht ängstlich, sagt der zu uns. Persönlich. Kein Geringerer als Paul, du fasst es nicht. So was passiert einem nur einmal im Leben. Das ist einfach unbeschreiblich. Mir fehlen die Worte.

Hundefeind, Hundefreund

Bitte, nicht schon wieder!

Das wird man doch noch erzählen dürfen, eine völlig harmlose Geschichte!

Hör endlich auf, es gibt keine harmlosen Geschichten von freilaufenden vierbeinigen Scheißern, Pissern, Bellteufeln, Beißschnauzen!

Aber so eine schöne wuschelige, kuschelige weiße Hündin, die Ball spielt!

Haha, eine Hündin, die Ball spielt, sehr originell! Die Hündin von Paul!

Also nicht mal deine Töle!

Von Paul!

Von welchem Paul?

Von Paul McCartney!

Erzähl mir lieber von seiner Gitarre!

Das ist doch kalter Kaffee, aber die Hündin im Park am Ball, und ich sage dir …!

Ich bin für Leinenzwang, auch für Hunde von Paul oder John oder Mick oder Elton und wie sie alle heißen!

Die beißt nicht!

Das sagen alle, und im Übrigen ist es mir scheißegal, wer mich beißt, ob Hund oder Hündin!

Darf ich nicht mal ausreden, darf ein Tierfreund nicht mehr sagen, was er denkt?

Lass mich zufrieden mit deinen beißenden Kläffern!

Das ist ja unerträglich, dein Meinungsterror!

Verpiss dich zu deinen Baumpissern!

P wie Paul

Ein Paar post-pubertärer plattdeutscher Provinz-Pomeranzen plante das Papierstudium zu postponieren und sich im Park mit einer popligen Pille aus Pferdeleder zu produzieren. So passten, pumpten, prellten und punkteten sie, putzmunter Profis parodierend, mit dem gepolsterten Puck auf dem perfekten Pflanzrasen. Als plötzlich ein pelziges, puscheliges, prächtiges Pfotentier als Parasit partizipierte, packte eine Panik die Pseudo-Sportler. Prompt protestierten sie, doch erst als ein parteiischer Pfiff in die Partie peitschte, ließ die Petze die Pfoten vom Punchingball. Nun platzte der prominenteste Prinz des Pop, Paul persönlich, der gerade die Sgt.-Pepper-Platte promovierte, auf den Parcours, prüfte das Problem und plauderte etwas in poetischer Pose. Da verpisste sich das Puscheltier wie ein Pinscher. Und Paul pendelte wie eine Primadonna auf seine Piste zurück, wo pubertierende Puppen und sich prostituierende Pilgerinnen, der Paul-Fanclub von Primrose Hill, auf Prominenten-Pirsch lagen und ihn aufs peinlichste priesen, provozierten und plagten.

Geheimtipp für Touristen

Am besten nehmen Sie die U-Bahn bis Baker Street, vergessen Madame Toussauds ebenso wie das Sherlock Holmes Museum, wenden sich nordwärts, dann nach rechts und sind schon in Londons größtem Freizeitrefugium. Einmal im Regent's Park, ist jeder Weg zu empfehlen. Sie können zwischen dem Outer Circle und dem schmalen Parksee nach Norden schlendern und dann in östlicher Richtung die Mitte des Parks erreichen. Oder Sie wählen die botanische Route, vom Outer Circle zum Inner Circle durch die für ihre Rosen berühmten Queen Mary's Gardens und von dort weiter in die Tiefe des Parks. Sie befinden sich auf Londons größtem Sportplatz, umgeben von Eichen, Erlen, Platanen und Pappeln. Überall Plätze für Cricket, Hockey, Tennis, Rugby, Softball – und insgesamt 35 Fußballfelder. 16 für Kinder, 8 in mittlerer und 11 in normaler Größe. Suchen Sie ungefähr zwischen Tea House und der prächtigen Cumberland Terrace von John Nash am Ostrand des Parks und der südlich gelegenen Chester Road das mittlere der mittelgroßen Spielfelder. Genau dort, zwischen den verwitterten Torbalken und der Rhododendronhecke am Weg, ist 1967 der historische Satz von Paul McCartney gefallen: «Don't be afraid, she is a coward!»

Konjunktiv

Stellen wir uns vor, es kämen zwei junge Burschen in London mit dem Auto zum Regent's Park gefahren, tobten mit einem Ball auf dem Rasen herum und kickten friedlich vor sich hin. Was für Möglichkeiten könnten sich entwickeln, wenn nun ein großes Hundetier hinzuspränge, den Ball schnappte und die jungen Männer erschreckte? Und wenn vom Parkweg her die Stimme eines weltbekannten Musikers erklänge mit dem Refrain des damals entstehenden, später so berühmten Songs *Don't be afraid, she's a coward!*. Ginge dieser junge Mann, Paul McCartney von den Beatles, nicht zu weit, seine Hündin vor fremden Leuten als Feigling zu bezeichnen? Oder wäre es ihm zuerst, ohne Ansehen des Rufs seiner Hündin, um die Fürsorgepflicht zu tun gewesen, den Fußballspielern die Angst zu nehmen? Es führte vielleicht doch zu weit, darüber zu spekulieren, was Paul McCartney mit seinen Worten, seien sie schon zur Song-Zeile verdichtet oder noch ein roher Spontangedanke, gemeint haben mochte, zumal Gerüchte besagen, er sei von einer Gruppe weiblicher Fans verfolgt und sogleich vom Schauplatz des Geschehens mitsamt seiner Hündin verjagt worden.

Die Hündin

Feigling! Das muss man sich gefallen lassen als Dame, als Rassehündin vom besten Stamm der Bobtails! Und das von einem Arbeiterkind aus Liverpool, das mit ein bisschen Singerei und Gitarrenspiel mein Futter verdient! Von einem jungen Mann, der von spätnachmittags bis tief in die Nacht mit seinen Freunden Musik macht und nichts anderes im Kopf hat und nur einmal am Tag mit mir durch den Park rennt! Und mich ansonsten seiner Freundin als Teppichvorleger überlässt! Da folgt man einmal seinem Ur-Instinkt, rennt hinter einem Ball her, bellt vor Freude und verschreckt zwei hundeängstliche Leute, die verdächtig nach Ausländern riechen, und wird als Feigling beschimpft! Vor diesen fremden Menschen! Vom eigenen Herrn! Als wohlerzogene Dame! Als Rassehündin vom besten Stamm der Alten Englischen Hütehunde!

Was hat mein Herr für ein Glück, dass ich ein besonders verträgliches, anhängliches, gutgelauntes und edles Wesen habe und also nicht besonders und eigentlich überhaupt nicht nachtragend bin.

Versuch über die Feiglingin, nach Schopenhauer

Mit mehr Recht kann urgiert werden, dass, wie schon ein angeknurrter Mensch wieder knurrt, ein geschmeichelter wieder schmeichelt, es auch in der Natur des Hundes liege, jede feindliche Begegnung feindlich zu erwidern und durch Zeichen der Geringschätzung, oder des Hasses, erbittert und gereizt zu werden. Jedoch leitet die Natur keinen Falles zu etwas Weiterem, als zu einer der Sache angemessenen Vergeltung, nicht aber dazu, den Vorwurf der Lüge, der Dummheit, oder der Feigheit, mit dem Tode zu bestrafen, und der altdeutsche Grundsatz «auf eine Maulschelle gehört ein Dolch» ist ein empörender ritterlicher Aberglaube. Jedenfalls ist die Erwiderung, oder Vergeltung, von Beleidigungen Sache des Zorns, aber keineswegs der Ehre und Pflicht, wozu das ritterliche Ehrenprinzip sie stempelt. Vielmehr ist ganz gewiss, dass jeder Vorwurf nur in dem Maße, als er trifft, verletzen kann; welches auch daran ersichtlich ist, dass die leiseste Andeutung, welche trifft, viel tiefer verwundet, als die schwerste Anschuldigung, die gar keinen Grund hat. Wer daher wirklich sich bewusst ist, einen Vorwurf nicht zu verdienen, darf und wird ihn getrost verachten.

Augenzeugenbericht 1

Natürlich, ich habe alles gesehn. Ja, viele junge Leute kicken hier mit dem Ball herum, aber die zwei fielen mir irgendwie auf, vielleicht, weil sie nicht Englisch sprachen, als sie an mir vorbeiliefen, die sprachen irgendeine Sprache des Kontinents, glaub ich, vielleicht Dänisch oder Schwedisch. Und es springen natürlich viele Hunde hier rum, die bekanntlich auch gern Ball spielen. Na gut, ich ging weiter, hab so meine bestimmte Route jeden Nachmittag hier Richtung Kentish Town, und dreh mich ab und zu um, da seh ich einen ziemlich riesigen Hund mit weißem Fell, einen Zottelhund, der den beiden Ausländern den Ball wegschnappt. Und da kommt ein anderer junger Mann dazu, die reden irgendwas, konnt ich natürlich nicht verstehen. Nein, gebissen hat der Hund nicht. Das hätt ich ja gehört, wenn der aggressiv gebellt hätte oder wenn jemand geschrien hätte. Ich war ja mal bei der Royal Navy, da lernt man das Beobachten, von der Pike auf! Und sehen Sie, dieser Mensch mit dem Hund kam mir irgendwie bekannt vor, und erst als ich zu Haus war, fiel mir ein: das war John Lennon. Eindeutig, ich glaub, ich kann das beweisen, weil nämlich ein Haufen von kichernden, schwärmerischen Mädchen hinter dem herrannte, und hinter wem rennen heutzutage die Mädchen schon her, wenn nicht hinter John Lennon! Sogar meine Enkelin, eigentlich so ein gescheites Kind – und nichts anderes als John Lennon im Kopf!

Passiv

An einem Samstagnachmittag wurden zwei junge Männer getrieben von der Illusion, sie würden mit ein wenig sportlicher Betätigung zu besserer Beweglichkeit und Kondition befördert werden. Also wurde ein Rasen betreten, ein Ball getreten. Gestört wurden die beiden jedoch von einem ziemlich großen Hund, der vom Anblick des hüpfenden, rollenden Balles verführt und von seiner Spiellaune überwältigt wurde. Die jungen Männer, vor Schreck oder nur aus Vorsicht zum Ausweichen gedrängt, wurden von ihrem Ball getrennt, ehe der Hund zurückgepfiffen werden konnte. Das Tier würde vielleicht gehorsam gewesen sein, wenn die Stimme seines auf einem Parkweg neben dem Rasen zum Stillstehn gebrachten Herrn von mehr Strenge und Lautstärke geprägt gewesen wäre. So wurde der Hundebesitzer gezwungen, näherzutreten und die beiden Fußballspieler mit dem Satz «Don't be afraid, she is a coward!» zu beruhigen. Obwohl der junge Herr nicht vorgestellt wurde, ist er jedoch sogleich oder nach einer Überraschungssekunde als Paul McCartney erkannt worden. Noch ehe ein Gespräch über Hunde, Wetter, Bälle oder die Beatles angeschnitten wurde, war McCartney, samt Hund, schon wieder zum Weiterlaufen gedrängt worden, da er von einer Horde junger Mädchen verfolgt wurde, die von ihm geliebt oder zumindest wahrgenommen oder mit einem Autogramm beschert zu werden hofften.

Vielleicht wird ja heute noch von mancher Britin

zwischen sechzig und siebzig Jahren der Traum gehegt: Wenn Paul mit seinem Hund eine halbe Minute länger bei den Fußballspielern im Regent's Park festgehalten worden wäre, dann wäre er von uns eingeholt worden und ich wäre von ihm mit einem Autogramm beschenkt und wahrgenommen und vielleicht sogar geliebt worden.

Zum Ausmalen

Wolkenhimmel: hellgrau. Nadelbäume: wintergrün. Laubbäume: kahlgrau. Rasen: märzgrün. Rhododendron: mattgrün. Torstangen: abgeblättertes Weiß. Junger Mann 1, Haar: dunkel. Junger Mann 1, Pullover/Sweater: marineblau. Junger Mann 1, Hose: dunkelblau. Junger Mann 1, Schuhe: schwarz. Junger Mann 2, Haar: blond. Junger Mann 2, Pullover: anthrazit. Junger Mann 2, Hose: schwarz. Junger Mann 2, Schuhe: schwarz mit weißen Streifen. Ball: schmutziggelb. Hündin, Fell: weiß und grau. Hündin, Pfoten: schwarz. McCartney, Haar: dunkel. McCartney, Mantel: braun. McCartney, Hose: dunkelbraun. McCartney, Schuhe: dunkelbraun. Parkweg: sandgrau. Mädchen, Mäntel: hellbraun, dunkelblau, dunkelrot, grau.

Zur Beachtung:

Trotz des Höhepunkts der flowerpowerfarbenen Zeit: Kein Rot, kein Blau, kein Orange, kein Violett, kein helles Gelb, keine Pastelltöne!

Haiku

Fliegende Bälle.
Versteckte Märzenbecher
in Mädchenherzen.

Der Ball spricht

Als Ball bin ich ja nun neutral. Es ist mir egal, wer mich tritt. Klar, ein bisschen langweilig ist es schon, wenn nur zwei Leute dich mit ihren Turnschuhen traktieren statt zweiundzwanzig mit ordentlichen Fußballschuhen. Keine tollen Ballkünstler, aber man muss zufrieden sein, wenn man einmal in der Woche über den Rasen rollen und fliegen darf. Dann ein Hund, der einen mit der Schnauze herumschiebt und ins Leder zwickt, was soll's, ich nehm das als feuchte Abwechslung. Aber am schönsten ist es, ein paar Sekunden ruhig auf dem Rasen zu liegen, auf kurzgeschorenem englischem Rasen, und dann läuft einer los und tritt dich, dass es dir in allen Sehnen und Fäden kracht und dein ganzes Gehäuse flattert, und du fliegst, du fliegst weit und hoch – bis du fällst und von neuem in eine Flugbahn gebracht wirst oder einfach ausrollst.

Blow up

Hinter Rhododendronbüschen versteckt der Fotograf, er macht durch einen Sehschlitz im Blattwerk in einer Minute acht Aufnahmen: 1) junger Mann von vorn mit Ball, 2) anderer junger Mann mit dem gleichen Ball von hinten, 3) weißer Bobtail mit dem gleichen Ball von der Seite, 4) dritter junger Mann mit Zeigegeste, halb von hinten, 5) Gesicht und offenbar zum Sprechen geöffneter Mund des dritten jungen Mannes, von der Seite, 6) Ball allein, 7) dritter junger Mann mit Bobtail von hinten auf Parkweg, 8) dritter junger Mann laufend mit Bobtail von hinten, entfernter und verdeckt von sechs laufenden weiblichen Models, von hinten bzw. halb von hinten. Der Fotograf in seinem Studio, vergrößert, sieht immer grobkörnigere Fotos im Entwickler entstehen, tunkt sie mit der Pinzette ins Fixierbad, schiebt sie hin und her und hängt sie an einer Leine auf. Er wirkt verzweifelt. Ein Mord? Ein Ballraub? Ein Hundebiss? Sieht der dritte junge Mann nicht wie Paul McCartney aus? Ist der Beatle in einen Kriminalfall verwickelt? Und was, wenn es nicht Paul McCartney war? Eine harmlose Konversation? Es gibt keine harmlose Konversation.

Der Fotograf kann den Fluss der Zeit anhalten. Aber schon in der Sekunde nach der Aufnahme ist das Foto unwahr. Darüber wird Michelangelo Antonioni einen Film drehen müssen, mitten im Swinging London des Jahres 1966 oder 1967.

Fragment eines unbekannten Beatles-Songs von 1967

My girl was like a running cheek
I kissed her hundred times a week
But then you came my friend and kissed
   her thousand times what she had missed

CHORUS: Don't be afraid, she's a coward, yeah
   but in the sky, she ... lowered

I lost this girl to you my friend
...

CHORUS: Don't be afraid, she's a coward, yeah
   but in the sky, she ... lowered

My former girl loved daffodils
...

Anglophil

Unter dem klassisch schönen Londoner Grauhimmel fuhren zwei anglophile, in der britischen und amerikanischen
Zone aufgewachsene Nachkriegsdeutsche und Liebhaber
des Linksverkehrs von der Victoria Road in Kilburn zum
Regent's Park. Das Irish Stew, das sie zum Supper verzehrt
hatten, gedachten sie bei leichter sportlicher Betätigung
zu verdauen. Sie entschieden sich für das auf der Insel
erfundene Spiel des Balltretens. Und wo ließe sich dieser
Sport besser ausüben als auf perfektem britischem Rasen

in einem typisch englischen Park mit Dutzenden von Spielplätzen! Dort wetteiferten sie auf äußerst faire Art, wer von ihnen in der Kunst der gezielten Ballbeförderung dem weltmeisterlichen Bobby Moore am nächsten käme.

Auch für Abwechslung war gesorgt, als ein stattlicher altenglischer Hütehund von der edelsten Rasse der Bobtails hinzusprang und sich am geselligen Spiel beteiligte. Und wo ein Hund oder eine Hündin ist, sind Herr oder Herrin nicht fern. Hier gesellte sich ein junger Hundehalter zu dem sportlichen Club und würzte das Gespräch mit genialem Understatement: «Don't be afraid, she is a coward!»

Obwohl der junge Mann es versäumte, sich mit gebührender Höflichkeit vorzustellen, wurde er sogleich als Paul McCartney erkannt, der umschwärmteste Musiker Britanniens. Ehe die Konversation weitere rhetorische Höhepunkte erreichte, musste er auf Distanz gehen zu einer aufgeregten Schar Londoner Schulmädchen, die ihre Uniformen bereits abgelegt hatten, und auf einem der Parkwege davoneilen.

Nachdem die beiden Fußballer noch eine Weile ihrem Sportsgeist freien Lauf gelassen hatten, fuhren sie nach Kilburn zurück, zum Five-o'clock-Tee mit Shortbread. Vorher jedoch schauten sie ins Wörterbuch und lernten eine neue Vokabel: coward – Feigling.

Augenzeugenbericht 2

Wir spielen hier, in dieser Ecke des Parks, mindestens zweimal in der Woche Fußball, wir sind immer so zwölf bis zwanzig Mann aus der Nachbarschaft. Natürlich, Paul McCartney kommt mit seinem Hund des Öfteren hier vorbei, daran haben wir uns längst gewöhnt. Wir lassen den Hund ein bisschen mitspielen, und der Beatle freut sich. Am meisten aber scheint er sich zu freuen, dass wir ihn nicht erkennen, wie er meint. Er verkleidet sich ja immer so ein bisschen, manchmal mit Sonnenbrille, manchmal mit Perücke, und natürlich respektieren wir das und quatschen ihn nicht dumm an. Seit einigen Wochen allerdings kann er sich diese Unterbrechungen seines Spaziergangs immer weniger erlauben, weil der arme Kerl von einer Gruppe verzückter, kreischender Mädchen verfolgt und regelrecht verscheucht wird.

An dem fraglichen Nachmittag hab ich gesehen, ich steh ja im Tor, da kann man schon mal zur Seite gucken, wie der Hund bei zwei Fußballern dazwischenging, die etwas abseits auf einem der mittelgroßen Felder herumkickten. Der Hund ist das ja gewohnt, von uns. Nur zwei Mann und ein Ball, das ist schon absurd. Aber vielleicht hat sich der Hund gerade darum mehr Chancen ausgerechnet, wer weiß, diese Viecher sind ja nicht dumm. Und Paul, ich erkenn ihn ja auf dreihundert Meter Entfernung schon wegen des Hundes, steht entspannt daneben. Nein, da ist mit Sicherheit nicht gebissen worden.

Da rauschten nur bald diese jungen Schnepfen heran, und Paul musste fliehen. Wie immer. Er tut mir ja auch ein bisschen leid, ich meine, die ackern ja auch, die Beatles, eine Platte nach der andern. Jetzt *Penny Lane* und *Strawberry Fields Forever*, das ist doch großartig. Wer sagt einem denn sonst, wie man sich fühlt, die Stones und die Beatles. Und dann kommen diese blöden Upperclass-Schnepfen und gönnen dem noch nicht mal seine Pause.

Das ist eigentlich alles. Was soll's. Nicht der Rede wert.

1. Übung: Schreibe einen möglichst kurzen Text, in dem alle folgenden Wörter vorkommen

Anstoß – Ball – City – drängeln – Ecke – Fell – Gras – Hündin – imponieren – jung – kreischen – London – McCartney – Nähe – Ohr – Paul – Querkopf – Regent's Park – Studenten – Turnschuhe – umkreisen – verängstigt – weiblich – x-beinig – Yoga – zwei.

2. Übung für Fortgeschrittene: Ergänze den Text mit Sätzen, in denen zusätzlich diese Wörter vorkommen

Afraid – Beatle – coward – don't be – eilig – Fans – geil – Herzklopfen – inkognito – Jagd – Kuss – lauern – Mädchen – Nuckelpinne – Ozon – Pepper – quietschfidel – Rassehund – Samstag – treten – überschnappen – vertraulich – weiß – Xylophon – Youngster – Zauber.

Angeber

Es war wirklich nichts Besonderes, Paul McCartney zu treffen. In London damals liefen uns ja ständig berühmte oder später berühmte Leute über den Weg. Erich Fried sah man jede Woche, Jakov Lind oft, und wer als Mann respektvoll oder als Frau eben weiblich war, konnte sich zu Elias Canetti setzen, spätnachmittags in seinem Stammcafé in Hampstead Heath. Deutsche Literaten kamen vorbei, von Hans Erich Nossack bis Reinhard Lettau. Der später berühmte Autor A. suchte seine Freundin, die später berühmte Autorin B., zurückzugewinnen, die abwechselnd mit dem Dichter C. und dem Beatle George Harrison schlief. C. verheimlichte sie uns, mit George Harrison und Ringo Starr gab sie an. Zugegeben, Marlene Dietrich, Otto Klemperer, Peter Brook und Igor Oistrakh sahen wir nur auf der Bühne, Robert Jungk im Buchladen, Anna Freud und Lucien Freud auf der Parkbank, aber es wäre kein Problem gewesen, sich denen zu nähern. Und beim Kongress *Dialectics of Liberation* im Juli 67 hättest du leicht mit allen Bekanntschaft schließen können: Charles Olson, Herbert Marcuse, David Cooper, Allen Ginsberg, Stokely Carmichael, Ronald D. Laing, Lucien Goldmann, Paul Sweezy, die ganze Elite der undogmatischen Linken damals. Und in den Tanzclubs von Soho hörten wir die Anfänge der ganz jungen Pink Floyd. Da wurde man übrigens von einer Japanerin angesprochen, die von allen Leuten, Frauen und Männern, die Hinterteile filmen wollte. Der Film machte bald darauf einen kleinen Skandal, so wurde sie bekannt und begegnete John Lennon, seitdem kennt man sie als Yoko Ono. Bruno parlierte auf einer Party des längeren mit Mick Jagger. Und so weiter, und so weiter. Kein Wunder also, dass wir irgendwann im Park auch noch so nebenbei über Paul McCartney und seinen Hund stolperten.

Beatlelogisch

Unter beatlelogischen Gesichtspunkten erscheint der Vorfall im Regent's Park auf den ersten Blick unergiebig. Paul McCartneys Begegnung mit zwei deutschen Freizeit-

sportlern sowie die Intervention seines Hundes beim Fußballspiel mit dem anschließenden Kurzdialog «Don't be
afraid, she is a coward!» hat, darüber waren sich bis in die
neunziger Jahre alle Beatlelogen einig, im Werk der Beatles
keine auffälligen Spuren hinterlassen. Inzwischen ist die
Forschung jedoch vorangeschritten, und es sind insbeson-
dere bei den musikologischen, semantischen und visuellen
Aspekten der LP *Sgt. Pepper's Lonely Hearts Club Band*
ganz neue Fragestellungen entwickelt worden: Warum das
Hundebellen am Ende von *Good Morning Good Morning*?
Hat McCartney diesen Mix-Vorschlag kurz nach jener
Begegnung im Regent's Park mit ins Studio gebracht? Und
in *A Day in the Life*, dem berühmten Gemeinschaftswerk
von Paul und John, das unstreitig im Januar 67 begon-
nen wurde, ist die Zeile *The English Army had just won the
war* nicht doch erst nach dem 9. März vollendet worden?
Weil die beiden harmlosen, ängstlichen jungen Deutschen
McCartney daran erinnerten, dass die Sieger seit 1945 eben
doch die Engländer seien? Und steht *Army* nicht auch für
die englische Fußballmannschaft, die kurz zuvor, bei der
Weltmeisterschaft 1966, die Deutschen schlug? Hieße es
sonst *English Army* statt *British*? Und warum begannen die
Aufnahmen für Pauls Liebeslied *Getting Better* ausgerechnet am 9. März? Und endlich: Warum sollte zuerst auch
eine Pappfigur von Adolf Hitler auf das berühmte Cover
kommen? Warum wurde sie dann ebenso wie die von
Jesus Christus entfernt? Wirklich nur, um heftige Kon-
troversen zu vermeiden? Oder nicht auch, weil die Beatles

in Deutschland, in Hamburg, ihre Karriere beschleunigt hatten und nicht deutschfeindlich wirken wollten? Oder weil die jungen Deutschen den wichtigsten Ideengeber des Covers, Paul McCartney, in der Meinung bestärkt hatten, dass es albern sei, nach Art der Boulevard-Presse auf alle Deutschen immer nur mit dem Hitler-Reflex zu reagieren?

Hochrelevante, differenzierte Fragen, die der genaueren Untersuchung harren.

Vorhersage

An einem gewöhnlichen Samstagnachmittag im März werden zwei junge Männer sich zum Fußballspielen in den Regent's Park aufmachen. Trotz grauen Himmels wird es nicht regnen. Das Grün des Rasens wird einladend und der Spiellaune förderlich sein. Der Lederball wird von einem Spieler zum andern und von diesem zurück zum ersten getreten, geschlagen, geschlenzt, gehoben oder geschossen werden. Einer wird versuchen, das Tor zu treffen, der andere, Torschüsse zu verhindern. Es wird eine Störung geben, verursacht durch einen großen, auffällig zotteligen Hund, der nach dem Ball schnappen und mit ihm spielen wird ohne Rücksicht auf die jungen Männer, die erschrocken zurückweichen werden. Der Hundehalter wird das Feld betreten und die Spieler beruhigen mit dem Satz, den sie zunächst nicht verstehen werden: «Don't be afraid, she is a coward!» Daraufhin wird der beleidigte Hund seinem Herrn gehorchen und mit ihm davoneilen. Erst dann werden die jungen Männer begreifen, dass es Paul McCartney gewesen sein wird, der zu ihnen gesprochen haben wird. Der Beatle wird sich dann schon auf der Flucht vor einer Gruppe jüngster Verehrerinnen befinden, die ihn bei seinen Spaziergängen während der *Sgt. Pepper*-Produktion und danach, ja noch das ganze Jahr 1967, bis zur Flucht der Beatles nach Indien, oder sogar sein ganzes Leben lang belästigen werden.

Vaterlandsverräter

Es ist allgemein bekannt, wie die deutsche Sache im Jahr 1966 von einer anglo-sowjetischen Allianz verraten wurde. Im Finale der Fußballweltmeisterschaft zwischen England und Deutschland im Wembley-Stadion wurde beim Stand von 2:2 ein Ball, der die Linie des deutschen Tors, wie jeder gute Deutsche weiß, nicht überquert hatte, nach dem Diktat des russischen Linienrichters als Tor für England gewertet. So ist England, das gegen die vom Betrug geschwächten Deutschen dann noch ein Tor erzielte, Weltmeister geworden. Ein Skandal, der ganz Deutschland und die deutsch-britischen Beziehungen aufs schwerste erschütterte.

Nur etwa drei Monate danach, als jeder anständige Deutsche alles Englische verachtete oder zumindest mied, gingen zwei Berliner Studenten, die man vor diesem historischen Hintergrund nur als besonders ausgekochte vaterlandslose Gesellen bezeichnen kann, nach London. Nicht nur, dass sie dort die Kenntnis der englischen Sprache pflegten (und notgedrungen die ihrige vernachlässigten), nicht nur, dass ihr gutes deutsches Geld in Londoner Kassen floss, nicht nur, dass sie sich von der deutschfeindlichen Presse beeinflussen ließen, nicht nur, dass sie sich in den Pubs, in ihrem Wohnviertel, beim Teetrinken, im Straßenverkehr (Linksverkehr!) wie Engländer zu verhalten trachteten, sie wählten zur sportlichen Betätigung ausgerechnet das Fußballspiel. Zwei junge Deutsche, die Salz in die Wembley-Wunde schütteten! Und die überdies verkündeten, sich auf englischem Rasen, etwa im Regent's Park, wohl zu fühlen. Das ist noch lange nicht alles! Es ist erwiesen, dass sie im März 1967 den ernsten und vom Wembley-Opfer schmerzhaft geheiligten Fußballsport auch noch verhöhnten, indem sie fremde, freilaufende, britische Hunde mitspielen ließen.

Aber es kommt noch schlimmer. Sie schämten sich nicht im Geringsten, vor aller Öffentlichkeit im Regent's Park mit einem gewissen McCartney zu fraternisieren, dem Anführer einer englischen Musikgruppe, die maßgeblich zum Verfall der Sitten, der Bildung, der Moral, der Verantwortung und der Erziehung in Europa und in der Welt beigetragen hat. Eine Revolution, die unter dem Tarnmantel der Musik von der britischen Insel ausging, ist von den beiden Vaterlandsverrätern in London nicht nur nicht bekämpft, sondern mit Sympathie verfolgt und sogar gefeiert und gefördert und später auf dem Kontinent propagiert worden. Kein Wunder, dass nur wenige Wochen später, am 2. Juni 1967, in Berlin die deutsche Studentenrevolte ausbrach, die so unendlich viel Kummer, Chaos und Werteverfall über unser Vaterland gebracht hat.

Weder noch

Es war weder in Paris noch in Prag, sondern in London. Es war weder 1907 noch 1997, sondern das Jahr 1967. Es war weder im Sommer noch im Winter, sondern im frühen Frühjahr. Es waren weder zwei Frauen noch zwei Greise, sondern zwei junge Männer. Es waren weder Ladenschwengel noch Busfahrer, sondern Studenten. Es waren weder Briten noch Italiener, sondern Deutsche. Sie gingen weder in ein Museum noch in ein Schwimmbad, sondern in den

Park. Sie spielten weder Kricket noch Rugby, sondern Fußball. Es war weder eine Katze noch ein Pferd, sondern eine Hündin, die ihr Spiel störte. Es war weder eine Maus noch ein anderer Hund, sondern der Ball, den die Hündin jagte. Es trat weder ein Polizist noch eine Blumenfreundin, sondern der Hundehalter hinzu. Es war weder Prince Philip noch Mick Jagger, sondern Paul McCartney. Er sagte weder «Sorry» noch «Fuck off», sondern «Don't be afraid, she is a coward». Es war weder eine Konversation noch ein Interview, sondern ein eiliges Weitergehen, das dann folgte. Es waren aber weder die beiden Fußballer noch die Royal Air Force noch der Produzent George Martin noch der Betreiber eines China-Restaurants noch ein Fanclub aus Liverpool, sondern die Mädchen vom Fanclub Primrose Hill, die McCartney über die Parkwege jagten.

Brief an den Arbeitskreis Internationales beim Sozialistischen Deutschen Studentenbund (SDS) Berlin

Werte Genossinnen und Genossen vom AK,
wie im letzten November will ich Euch eine Kurzinfo geben über den Stand der Bewegung in London (…):

Im Gegensatz zu den progressiven europäischen Metropolen Nanterre, Turin und West-Berlin kann man hier absolut keinen Fortschritt feststellen. (…) Obwohl die gesamtgesellschaftlichen Bedingungen sich objektiv verschärft haben (totale Unterstützung der US-Vietnam-Politik durch die Labour-Regierung! Offener Rassismus gegen afrikanische Studenten durch die kolonialistische Universitätsbürokratie!), ist außer irrelevanten Zirkeln an der LSE (London School of Economics) oder im Umkreis der altsozialistischen «New Left Review» keine revolutionäre Kraft zu erkennen. Statt endlich die radikale Demokratisierung in allen gesellschaftlich relevanten Bereichen zu fordern und die verstaubten autoritären Strukturen überall entscheidend zu entlarven, lässt sich die Studentenschaft von Psycho-Gurus wie Ronald D. Laing, von indischer Philosophie und scheinbar fortschrittlichen Organen wie «it» (international times) einfangen, die individuelle Bewusstseinserweiterung predigen und somit von den objektiv notwendigen emanzipatorischen Aufgaben (…) ablenken. Verschärft wird dies durch eine fast psychotische Begeisterung für die aktuelle Pop-Musik, Drogen, Happenings, Performances und andere Moden (…), die auch die im vorigen Jahr noch resistente Fraktion deutscher Studenten infiziert. Selbst wenn einige von ihnen nach meinen agitatorischen Erfahrungen durchaus offen sind für Diskussionen über die Ausbeutung der Dritten Welt, den militärisch-industriellen Komplex und die reaktionäre Innenpolitik der Großen Koalition in Westdeutschland, sie werden nach ihrer Rückkehr schwerlich für eine verbindliche politische Arbeit, die über bloßes Sympathisantentum hinausgeht, zu gebrauchen sein.

Über die mangelnde Bewusstseinslage nur einige Beispiele: (…)

Viertens: In einer kleinen, von Studenten und Hippies frequentierten Buchhandlung musste ich persönlich ein Gespräch mit anhören, wo sich zwei dem Akzent nach eindeutig deutsche Studenten gegenüber dem amerikanischen Buchhändler einerseits damit brüsteten, sie hätten an einer Diskussion über den Vietnam-Krieg teilgenommen, andererseits sich nicht im Geringsten genierten, stundenlang von einer absolut peripheren Begegnung mit einem durchgeknallten Pop-Musiker und seinem überzüchteten Köter im bourgeoisen Regent's Park zu schwärmen. Eine feine Gesellschaft, ohne Zweifel (…)

Mit solidarischen Grüßen, Euer Hans-Jürgen

PS: Am 3. Juni melde ich mich wieder in Berlin zurück.

Fremdwörter

Ein Kumpanenduo aus der Flower-Power-Ära vagabundierte mit einem Automobil durch die britische Kapitale. Prädisponiert für die reguläre Zirkulation ihrer Extremitäten und für kinetische Improvisation, appropriierten sie nach hypersensibler Evaluation im Regent's Park ein adäquates Areal. Dort kooperierten sie nonverbal mit einem sphäroidischen Objekt, kickten, powerten und kombinierten. Als ihr Revier von einem animalischen Aggressor okkupiert wurde, der am Run auf das sphäroidische Objekt partizipieren wollte, bewahrten die Aktionisten, trotz primärer minimaler Panik, die Contenance. Nun exponierte sich wie ein deus ex machina der Kommanditist und Prokurist jenes Aggressors – mit einer Geste des Goodwill, die in dem Zitat kulminierte: «Don't be afraid, she is a coward!» Mit solchem Edikt demaskierte sich der Protagonist, konträr seiner Intention, als der Prominenteste der Beatle-Band, Paul McCartney. Doch nach dieser frappierenden Peripetie desertierten der Prominente und sein animalischer Kompagnon zentrifugal zum Horizont hin, ihrerseits konfrontiert mit den Affekten der Euphorie und Adoration, die sie bei einem mobilen Kollegium pubertierender femininer Fans provoziert hatten und permanent provozierten.

Verhör

– Warum haben Sie sich am 9. März nachmittags im Regent's Park aufgehalten?
– Um dort Fußball zu spielen.
– Warum gerade dort?
– Es ist ein schöner Park, und es gibt dort viele Spielfelder.
– Schöne Parks mit Fußballfeldern gibt es viele in London. Warum sind Sie extra von Ihrem Wohnsitz in Kilburn bis zum Regent's Park gefahren?
– Wie gesagt, um dort Fußball zu spielen.
– Sie hätten doch auch im Queen's Park spielen können, zum Beispiel.
– Wir wollten lieber in den Regent's Park.
– Wir? Sie waren also nicht allein?
– Selbstverständlich, allein kann man schlecht Fußball spielen, mein Freund Bruno war dabei.
– Zu zweit Fußball spielen, das ist aber auch ein bisschen albern, warum?
– Wir sind Ausländer, so viele Leute kennen wir nicht. Uns reicht es, ein bisschen Hin- und Herschießen, ein bisschen Bewegung.
– Ausländer, wir haben nichts gegen Ausländer. Nicht einmal gegen Deutsche. Aber wir haben was gegen Hin- und Herschießen, wenn anständige britische Bürger belästigt werden.
– Wir haben niemanden belästigt.

– Sie behaupten, Sie hätten nur Fußball gespielt im Regent's Park?

– Nichts anderes. Und gelaufen sind wir, zu den Spielfeldern.

– Das ist alles?

– Ja, das ist alles.

– Waren Sie nicht auch im Regent's Park, um einer bestimmten Person nachzustellen?

– Keinesfalls. Völlig absurd.

– Was absurd ist, bestimme ich. Sie hatten dort also keine besonderen Begegnungen?

– Nein. Ach so, doch, da kam so ein Hund angelaufen, ein zotteliger und …

– Aha! Also doch. Was war mit dem Hund?

– Der wollte mitspielen, wie Hunde das so machen.

– Und wie haben Sie reagiert?

– Etwas ängstlich, es war ja ein großes Tier.

– Und wie hat der Hundehalter reagiert?

– Das war Paul McCartney!

– Sie kennen den Herrn also. Das macht Sie noch mehr verdächtig.

– Wieso das denn?

– Ich frage! Also, Namen interessieren uns nicht, ich will die Fakten wissen. Beantworten Sie meine Frage: Wie hat der Hundehalter reagiert?

– Er hat kurz gepfiffen und kam dann auf uns zu.

– Wütend?

– Eher freundlich, er sagte: «Don't be afraid, she is a coward!»

– Und Sie haben ihn dann trotzdem belästigt und geärgert?

– Ich? Überhaupt nicht! Wieso das denn?

– Sie und Ihr Freund!

– Auch mein Freund nicht!

– Sie wollen behaupten, Sie hätten ihn nicht umringt und am Mantel gefasst?

– Im Gegenteil, wir begriffen erst langsam, dass er es war. Da war er schon etliche Yards entfernt. Und wir, in Ehrfurcht erstarrt, wir schauten ihm nach.

– Sie wollen behaupten, Sie hätten ihn nicht in die Zange genommen, um von ihm Autogramme und Küsse zu erpressen?

– Haben wir nicht! Das waren wir nicht! Wir küssen keine Männer! Das waren die Mädchen, ein Haufen junger Mädchen, sechs oder sieben, die pirschten sich an McCartney heran, das müssen die gewesen sein.

– Die Mädchen behaupten, dass Sie es waren. Hier liegt eine Strafanzeige gegen Unbekannt vor! Es ist immer dasselbe, diese jungen Leute heutzutage, keiner will es gewesen sein. Keiner steht mehr zu seiner Tat, jeder schiebt die Schuld auf die andern! Wie sollen wir da die Wahrheit ermitteln?

Baukasten

ARTIKEL: einen, einem, der, einer, eine, ein, das, ein, a, die, der, einer

SUBSTANTIVE: Mann, Auto, Park, Ball, Bolzplatz, Tor, Weile, Hund, Spielfeld, Ball, Mann, coward, Moment, Spieler, Beatle, Hündin, Gruppe, Mädchen

ADJEKTIVE: jung, groß, zottelig, jung, verzückt, kreischend

VERBEN: fahren, dabeihaben, gehen, kicken, schießen, stehen, spielen, springen, wegschnappen, verschreckt sein, wissen, tun, hinzukommen, sagen, to do, to be, to be, erkennen, sein, weiterlaufen, verfolgen

PRONOMEN: sie, sie, sie, beide, was, anderer, she, diesem, ihn, es, sein

ADVERBIEN: hin, her, leicht, nicht, freundlich, afraid, wieder

ZAHLWÖRTER: zwei

PRÄPOSITIONEN: im, zum, in, zu, im, nachdem, auf, als, in, mit, von

KONJUNKTIONEN: und, und, und, aber, und

ORTS- und EIGENNAMEN: Regent's, London, Paul, McCartney

Tanka

Frühlingshungrige
Hündin, im Park rollt ein Ball.
Seine Majestät
der große Songwriter lacht
spielende Feiglinge aus.

Verteidigung der Hundephobie

Scheißen tun sie alle. Und immer da, wo du gerade lang-
gehst. Bellen tun sie alle. Gerade dann, wenn du ein bisschen Ruhe haben willst. Stinken tun sie alle, wenn du ihnen
näher kommst. Sie pinkeln die Bäume tot. Angeschrien,
mit Kommandostimmen angetrieben werden müssen sie
alle – oder wollen sie alle. Beißen tun sie nicht alle, aber es
gibt viel zu viele, die beißen. Und immer mehr, die kaum
noch Beißhemmung haben. Und wenn du einmal kräftig
gebissen worden bist, als Kind zum Beispiel, von einem
Schäferhund ins Bein, und heute noch die Wunde besich-
tigen kannst, dann reicht das für Jahrzehnte.

Sie beleidigen in einem fort den menschlichen
Geruchssinn, den Gehörsinn, den Tastsinn, den Schmerz-

sinn, und das, was sie dem Gesichtssinn zuweilen als muntere Abwechslung bieten, kann das alles nicht aufwiegen. Und bei diesen täglich wiederholten Erfahrungen und so vielen Beleidigungen deiner Sinne sollst du kein Hundehasser sein oder keine solide Hundephobie pflegen? Oder nicht zurückschrecken, wenn so ein riesiges zotteliges Vieh angefegt kommt auf einen Bolzplatz in London, wo du mit einem Freund Fußball spielst, und auf dich zuspringt und dir den Ball wegschnappt?

Heute gilt Hundephobie als Makel. Und soll geheilt werden. Traumatische Erfahrungen sind unfein, weg damit! Verhaltenstherapeuten für Canophobie bieten sich an jeder Straßenecke an. Du sollst zum Patienten werden, weil du die kognitive Verknüpfung außen wahrgenommener Hunde mit inneren Phantasien von katastrophaler Gefahr und Angst im eigenen Körper aufbrechen sollst, ohne in Flucht und Vermeidung auszuweichen. Angst kontrollieren lernen, schön und gut, aber warum gibt es nirgendwo Verhaltenstherapie für Hundeliebe?

Und stell dir vor, du wärst damals nach zwanzig Therapiestunden als geheilt entlassen, vom Hundesaulus zum Hundepaulus geworden, ein Hundefan oder Bobtailliebhaber, und hättest, als das schöne Tier auf dich zusprang, gleich seinen Wünschen entsprochen und dich anspringen und anbellen lassen, mit ihm Ballaballa gespielt, ihm das Fell gekrault, ihn an den Zähnen gepackt, auf die Schnauze geküsst, mit und ohne Ball umarmt und so fort!

Dann hätte Paul McCartney am Wegrand ein bisschen zugeschaut und bald gepfiffen und wäre samt Hund weitergezogen, fliehend vor den kreischenden Mädchen. Und ihr hättet ihn nicht mal erkannt! Und er wäre nie auf euch zu gekommen! Und hätte nie seinen klassischen Satz gesagt: «Don't be afraid, she is a coward!» Was wäre dann aus der LP *Sgt. Pepper's Lonely Hearts Club Band* geworden? Und du wüsstest vielleicht bis heute nichts mit dem Wort coward anzufangen! Und niemand würde heute an jene Minute mit Paul McCartney denken! Und dies Buch, wo wären dann die 96 Seiten dieses Buchs?

Genauer, bitte!

Wie viele Millimeter hoch stand der Rasen am fraglichen Ort? Wann war er zuletzt gemäht worden? Welche Temperaturen wurden an jenem 9. März 1967 um vier Uhr nachmittags im nördlichen Citybereich von London gemessen? Celsius oder Fahrenheit? Wie war die allgemeine Wetterlage über Südengland? Wie viel atü hatte der Lederball? Wo und von welcher Firma war er hergestellt worden? Woran arbeiteten und womit beschäftigten sich die beiden fußballspielenden jungen Männer, wenn sie nicht Fußball spielten? Wie war ihr Tageslauf, Wochenplan, Monatseinkommen? Waren die beiden Männer in jenem Monat sexuell unbefriedigt oder nicht? Welche Freundinnen gingen mit ihnen ins Bett oder wenigstens in die Pubs oder Coffee Shops? Wie war es um deren Temperament, Größe, Alter, Nationalität, Haarfarbe, Humor oder Sportssinn bestellt? Wie alt war die Hündin? Wann war sie zuletzt gebadet und getrimmt worden? Wie viele Stunden Auslauf hatte sie pro Woche? Hatte Paul McCartney am Tag und in der Nacht zuvor eine kreative oder eher unergiebige Arbeitsphase im Studio gehabt? Waren die anderen Beatles und ihr Produzent mit der Session in der Nacht vom 8. auf den 9. März zufrieden? Wann war McCartney aufgestanden? Wann und was hat er gefrühstückt? Was hat er vor dem Spaziergang im Regent's Park gelesen, gehört, getan? Hat er den *Guardian*, die *Times*, den *Daily Mirror* oder den *Evening Standard* oder alle vier gelesen bzw. durchgeblättert? Welche Strümpfe oder Strumpfhosen bevorzugten die jungen Mädchen? Hatten sie alle einen Autogrammblock dabei? Schminkten sie sich, bevor sie zu ihrem Jagdausflug starteten? Eilten sie untergehakt hinter ihrem Opfer her? In einer oder in zwei Reihen?

Rückwärts

Bruno und ich stehen auf einem der Fußballfelder im Regent's Park und starren gen Norden, der Ball liegt neben uns im Gras. Auf einem zwischen Bäumen und Büschen gewundenen Weg kommt eine Gruppe junger Mädchen näher, hinter ihnen Paul McCartney mit Hund. Wir schauen ihnen entgegen, erstaunt, denn sie scheinen mit schnellen Schritten auf uns zuzulaufen. Die Mädchen eilen vorbei, ohne uns eines Blickes zu würdigen, und verschwinden hinter Rhododendronbüschen. Der Beatle aber geht mit seinem Hund vom Weg ab und steuert genau auf die Stelle zu, wo wir stehen. Dies ist der Augenblick, an dem wir ihn als Paul McCartney erkennen. Er ist unauffällig gekleidet, trägt einen braunen Mantel mit Fransen und keine Sonnenbrille, und wir sind nicht mehr sicher, welchen bekannten Menschen wir vor uns haben. Er sagt: «She is a coward, don't be afraid!» Daraufhin schnappt sich der Hund unsern Ball mit der Schnauze und spielt, wir stehen irritiert, ich weiche etwas zurück, es ist ein großes, zotteliges, vielleicht sehr wildes und bissiges Tier. Der Hundebesitzer, ein x-beliebiger Londoner Schnösel, der seinen Hund ohne Leine laufen und die Fußballer stören lässt, verschwindet aus meinem Blickfeld. Dann lässt auch der Hund von unserm Ball ab und springt davon. Bruno und ich spielen weiter, ich gehe ins Tor. Ein schöner, grauer und angenehm langweiliger Londoner Samstagnachmittag im März anno 1967.

Zusammenfassung des Gutachtens über einen möglichen Drogenkonsum des Paul McCartney am 9. 3. 67

Blut- oder Haarproben des fraglichen Drogenkonsumenten aus den Tagen zwischen dem 8. und 10. März 1967 liegen nicht vor. Es gilt jedoch als erwiesen, dass die Beatles in jenem Frühjahr bei der Produktion der LP *Sgt. Pepper's Lonely Hearts Club Band* sehr häufig illegale Drogen, in der Regel Halluzinogene wie Haschisch, Marihuana oder LSD, konsumiert haben. Daran war mit Gewissheit auch Paul McCartney beteiligt. So ist anzunehmen, dass er am Nachmittag des 9.3. zumindest noch Restdrogen im Körper trug. Der Satz «Don't be afraid, she is a coward» beweist das. So bündig, so pointiert vermag nur jemand zu formulieren, dessen Sinne durch Drogen geschärft sind. Gleichzeitig spricht der kontaktfreudige, menschenzugewandte Ton sowie die Ironisierung des eigenen Hundes für eine gehobene Stimmung. Nun ist zu klären: Hanf oder LSD-Trip? Eine Sinnestäuschung, die auf den Gebrauch von Haschisch rückschließen ließe, scheint nicht vorzuliegen. Und die Wirkung von Marihuana wird, selbst wenn es relativ spät in der Nacht eingenommen wurde, nicht bis zum folgenden Nachmittag angehalten haben. Der Satz «Don't be afraid, she is a coward» deutet also mit an Sicherheit grenzender Wahrscheinlichkeit darauf hin, dass er im Zustand eines flashback, also eines Echo-Rausches viele Stunden nach

der Einnahme von Lysergsäure-Diäthylamid (LSD) ausgesprochen wurde.

Imperativkonzentrat

Let's go! Geh du ins Tor! Nimm den! Der war gut! Hau ab,
du Töle! Jetzt aber 'ne schöne, saubere Flanke, bitte!

Mittelworte

Zwei in London lebende und studierende Männer wollten
eines Nachmittags ballspielende sein. Autofahrend, schal-
tend, lenkend, Gas gebend und bremsend der eine, mit-
fahrend, redend, den zu tretenden Ball haltend und die
Ironie pflegend der andere. Am Regent's Park angekommen, sah man die beiden, offenbar mehr vom Wunsch
nach Abwechslung und frischer Luft als von sportlichem
Eifer getrieben, über märzbegrünten Rasen schlendernd

und nebenbei Bäume, Büsche und Blumenrabatten musternd. Den Ball hin- und herschießend, ein einfaches Tor aus Balken fixierend, zwischendurch lachend und rufend, verbrachten sie eine unbeschwerte halbe Stunde. Dann aber von einem fellschüttelnden, dem Ball nachjagenden Hund gestört, wurden die beiden zu ängstlich ausweichenden, über das Tier erbosten Spielern. Von ihrem sportlichen Talent mehr als von dem des Hundes überzeugt, mochten sie nicht wie von einer Hundeschnauze Genasführte aussehen. Noch nachdenkend, wie sie sich wieder in den Besitz des Balles bringen sollten, trat ein dritter junger Mann mit schwingendem Mantel und freundlich grinsendem Gesicht auf, die wohllautenden Worte sprechend: «Don't be afraid, she is a coward!» Kaum erkannt als Paul McCartney, obwohl kein fröhliches Beatle-Lied singend, drehte dieser mit seinem nun nicht mehr ballspielenden Hund ab. Verfolgt von einem Trupp schwärmender Mädchen, ging er eilend davon, das Weite suchend.

Juristisch

Strafrechtlich ist der fragliche Vorgang nicht relevant. Begründung:

1. Da von einem widerrechtlichen Eindringen der beiden jungen Männer in den zum öffentlichen Dienst oder Verkehr bestimmten Raum Regent's Park nicht die Rede sein kann, kommt § 123 StGB (Hausfriedensbruch) nicht zur Anwendung.

2. Das Fußballspiel ist kein Glücksspiel im Sinn des § 284 StGB.

3. Zwar hat die Hündin mit dem Ball eine fremde bewegliche Sache in der Absicht weggenommen, dieselbe sich rechtswidrig zuzueignen, also gegen § 242 StGB (Diebstahl) verstoßen, die Schuldunfähigkeit der Hündin begründet jedoch keine Freiheitsstrafe bis zu fünf Jahren oder Geldstrafe für ihren Halter.

4. Das Spielen der Hündin mit dem Ball erfüllt weder den Tatbestand der Jagdwilderei (§ 292 StGB) noch den der Sachbeschädigung (§ 303 StGB), da der Ball nicht beschädigt oder zerstört, sondern nur mit der Schnauze befeuchtet wurde.

5. So auffällig der Auftritt von Mr. McCartney gewesen sein mag, für exhibitionistische Handlungen (§ 183 StGB) oder die Erregung eines öffentlichen Ärgernisses nach § 183 a StGB gibt es keine Zeugen.

6. Ob Mr. McCartney sich vor der fraglichen Begegnung in einen Drogen-Vollrausch (§ 330 a StGB) versetzt hat, wird nicht mehr zu klären sein.

7. Die Bezeichnung seiner Hündin als Feigling könnte nur dann als Beleidigung (§ 185 StGB) und Üble Nachrede (§ 186 StGB) geahndet werden, wenn die Hündin eine natürliche Person wäre.

8. Ob die jungen Mädchen Mr. McCartney in der Weise bedrängt haben, dass von Körperverletzung (§ 223 StGB) oder schwerer Körperverletzung «mittels eines hinterlistigen Überfalls» nach § 223 a StGB zu sprechen wäre, ist nicht gesichert.

9. Der Verdacht der Verführung (§ 182 StGB) und Vergewaltigung (§ 177 StGB) ist gegen Mr. McCartney in diesem Zusammenhang nicht erhoben worden.

10. Ob das möglicherweise sexuelle Verhältnis von Stars und Prominenten einerseits mit ihren Fans oder sogenannten Groupies andererseits unter den § 174 StGB (Sexueller Missbrauch von Schutzbefohlenen) fällt, ist höchstrichterlich noch nicht geklärt, sodass einstweilen von der Unschuldsvermutung auszugehen ist.

Zusammenfassung: Strafrechtlich ist der fragliche Vorgang nicht relevant.

Silbenfresser

Zwei jun Män fuh im Au zum Re Park in Lon. Sie hat ei
Ball da, gin zu ei der Bolz und kick und schos hin und her,
ei stand im Tor. Nach sie ei Wei ge hat, sprang ein gro zot
Hund auf das Spiel und schnapp den Ball weg. Leicht ver,
wuss sie nicht, was tun, als ein an jun Mann hin kam und
freund sag: Don't be a, she is a co. In die Mo er ihn die bei
Spie, es war Paul Mc. Der Beat a lief mit sei Hün wie wei,
ver von ei Grup schwär, krei Mäd.

Ostern

Zwei einfache Schöngeister einigten sich, als Ausgleich
zur einsamen Stubenhockerei zu einem einladenden
Pflanzenreich mit einiger Naturschönheit und Erholungs-
bereichen bei Belsize zu schreiten. Nahe bei reizenden
Teichen, Weiden und Eichen ereiferten sie sich an einer
abwechslungsreichen Spielerei einschließlich Schießerei
mit einem Lederei, keinesfalls ohne Alberei und Stümpe-
rei. Auf einmal eilte ein Tier von der Eigenart der vierbeinigen Scheißer und Beißer mit grau gebleichtem Fell-
kleid herbei und eignete sich, weil nicht angeleint, mit

Rempelei und Springerei auf dreisteste Weise das Lederei an. Was für eine Schweinerei, meinten entgeistert die zwei. Nebenbei hörten sie den Begleiter des Beißers in Rufweite pfeifen. Der Begleiter, vielleicht high, vielleicht eitel, kam eilends herangeschneit, um weise einzuschreiten und mit geschmeidiger Beherrschtheit zu verheißen: Don't be afraid, she is a coward! Nach dieser Schmeichelei war er so frei, sich loszueisen, seinen speienden Beißer zu ergreifen und mit ihm zu entweichen. Derweil verneigten sich stillschweigend die zwei: Eine Erscheinung! Der allseits und allzeit zu preisende Paul! Der Meister der leisen Reime, der Vorreiter der weltweiten Singerei von Freiheit, Schönheit, Geilheit und Weichheit! Der aber eilte heim, von einer kreischenden Einheit geschlechtsreifer Fräuleins begleitet, was die zwei unbeweibten Schöngeister ihrerseits eifersüchtig im Abseits verweilen ließ.

Wenn

Wenn McCartneys Hund etwas länger mit unserm Ball gespielt oder ein Loch ins Leder gebissen hätte und wenn wir den Beatle sofort erkannt hätten und so schlagfertig gewesen wären, ihn ins Gespräch zu ziehen, wenn der

Schwarm von Mädchen ihn nicht vertrieben hätte und wir hätten lässig plaudern können, über das Wetter und die Hunde im Allgemeinen und im Besonderen und unseren gemeinsamen Freund, den Buchhändler Hugo Kensho, und dann über die neuen Songs, an denen er in jenem März arbeitete, und wenn es mir, der in solchen Gesprächen normalerweise fast nichts redet, gelungen wäre, Paul mit poetischem Verstand zu beeindrucken und er mich zum Songschreiben ermuntert und dann an meinen sprödenglischen Texten Gefallen gefunden und sie vertont und auf dem Album oder auf der nächsten LP *Sgt. Pepper's Lonely Hearts Club Band* durch die Boxen der Welt geschickt hätte …

Rap

Du gehst am Samstagmittag raus, ein bisschen Fußball spielen
und auch den schweren Kopf mal endlich abzukühlen
und rennst mit deinem Kumpel und 'nem Ball zum grünen Rasen
ihr schießt und kickt und tollt herum wie abgedopte Hasen

O Mann
zieh dich gut an
selbst wenn dich deine Depri nietet
du weißt nie vorher, was das Leben bietet

Du redst dir ein: wie gut, den Körper schlenkernd zu
entschlacken
und deine miese Laune mal in frischen Wind zu packen
da kommt ein Hundevieh und will den Ball euch stehlen
das Spiel versaun und deine angesägten Nerven quälen

O Mann …

Und nach dem Hund tritt auf ein Kerl, der da am Weg
gelauert
und sagt zu dir ganz freundlich: «Don't be afraid, she is
a coward»
und schon erkennst du einen Gott der Götter
McCartney, Paul persönlich, das haut dich auf die Bretter

O Mann …

Und eh du noch dein Staunen kannst besiegen
siehst du ihn schon mit schnellem Schritt wegfliegen
verfolgt von einem Dutzend schönster Frauen
die nicht auf dich, die nur auf ihn hinschauen
und du stehst schwitzend da in deinem Schlabberdress,
dem grauen

O Mann
zieh dich gut an
selbst wenn dich deine Depri nietet
du weißt nie vorher, was das Leben bietet

O Pathos

O du samtgrünes Herz von London, o du einladendes
Oval, o du herrlicher Regent's Park, geschmückt mit
Stämmen und Zweigen strammer Eichen und Platanen
und eleganter Erlen und Pappeln, verziert mit üppigem
Buschwerk, das die gefällig gewundenen Parkwege säumt,
bepflanzt mit Aberhunderten von Rosenstöcken und der
lieblichsten Auswahl aus der reichen britischen Blumen-
pracht!

O du samtgrünes Herz von London, o du einladendes
Oval, o du herrlicher Regent's Park, der den natursüchti-
gen und erschöpften Stadtbewohnern die Lungen weitet
und Wohlbefinden schenkt schon bei den ersten Schritten
und sportlichen Auslauf bietet für das schnelle Spiel mit
runden Bällen aus Leder, Gummi oder Plastik oder spitzen Rugbybällen auf sorgfältig bereiteten und gepflegten
Rasenplätzen!

O du samtgrünes Herz von London, o du einladendes Oval, o du herrlicher Regent's Park, in dem sich Mensch und Hund spielend näherkommen und alte wie junge Menschen unterschiedlicher Kulturen mit und ohne Ball begegnen und ungezwungen zu intensiven Gesprächen zusammenfinden, die der Toleranz und der Völkerverständigung und damit dem Frieden dienen und überdies bleibende Erlebnisse stiften!

Anagramm, Gruß an Pastior

Nittem ni Donnlo, mi Krap Genters, leipsten weiz neugj Närmen Sufsball. Ad gransp nie reigreis, zertollteig Duhn beiher nud panschtep nehin ned Lalb gew. Os sendant eid Leipser scheckvert nud schiecorkt. Dalb teile neihn nie renader rejgun Relk uz Fileh, abenroff red Hurendhalte. Re gaste tim mischeidegger Mimste: Nodt eb aifrad, hes si a rawdoc! Ad kannrente eis sad Chigest: Laup Cancertym! Red Alteeb! Chod red nigg tim meisen Duhn tiewer, jeggta nov reine Arsch scheindresker Chämden.

Rezension

Wieder einmal scheitert Delius. Auch in seinem neuen Buch kann er sich nicht entscheiden zwischen Roman und Dokument, zwischen lyrischer Kurzform und epischer Breite, zwischen Realismus, Autobiographie und literarischem Spiel. Was für ein großer Roman über die Vorzeit von 1968 hätte hier entstehen können! Zumindest eine deutsche Variante auf J. M. Coetzees *Die jungen Jahre* oder Cortazars/Antonionis *Blow up*. Swinging London und flower power, die deutschen und österreichischen Emigranten, was für eine Welt! Der ewige Konflikt zwischen Zivilisation und Natur am Beispiel Londoner Parks, die seltsame Vorliebe für das Fußballspiel in intellektuellen Kreisen, die psychischen Abgründe der Hundephobie – was für großartige Themen werden hier verschenkt! Schließlich das Drama der Popularität am Beispiel Paul McCartneys – selbst ein mittelbegabter Autor wie Delius, der anscheinend Zugang zu den Kreisen der Beatles hatte, hätte aus diesem Sujet mit leichter Hand ein wunderbares Buch machen können, das wir gerne gelesen und gerne verrissen hätten. Stattdessen: die kleine Form, in kleinen Happen, kleingeistig durchgeführt. Stil statt Stoff. Wieder einmal ist zu bedauern: Dieser Autor kann nicht erzählen oder will nicht erzählen. Noch schlimmer: Er weigert sich beharrlich, so zu schreiben, wie er nach unserer maßgeblichen Meinung schreiben sollte.

Bildbeschreibung

Herr und Hund, schwarz und weiß. Herr in der Hocke, Hund aufrecht. Felljacke des Herrn offen getragen, Zottelfell des Hundes gebürstet. Langes gekämmtes Haupthaar des Herrn, knapp über den Augen liegend, langes ungekämmtes Haupthaar des Hundes, die Augen verdeckend. Halskette des Herrn, vermutlich Halsband des Hundes. Leicht geöffneter Mund des Herrn, leicht geöffnete Schnauze des Hundes. Um die weiße Nasenspitze herum sieht der Herr müde aus, um die schwarze Schnauzenspitze sieht der Hund unternehmungslustig aus. Weiße Socken und Slipper des Herrn entsprechen dem weißen Fell über den Pfoten des Hundes. Lässige, auf dem linken Bein abgestützte Armhaltung des Herrn mit lässiger Haltung der linken Hand, lässiger Stand der Vorderläufe des Hundes. Rechter Arm des Herrn vermutlich im Fell des Hundes, Hinterläufe des Hundes vermutlich dicht an der rechten Körperseite des Herrn. Das Antlitz des Herrn darf schön genannt werden, das des Hundes als ausgesprochen schön. Misstrauischer, doch selbstbewusster und intelligenter Blick des Herrn nach rechts (aus seiner Sicht), misstrauischer, doch selbstbewusster und intelligenter Blick des Hundes nach rechts (aus seiner Sicht). Sieht der Herr eine anrückende Fangruppe, sieht der Hund einen Ball rollen? Der Herr dürfte etwas weniger als 80, der Hund etwas weniger als 40 Kilo wiegen. Mit seiner Hockhaltung, die ihn fast auf Augenhöhe

mit dem Hund bringt, demonstriert der Herr Bindungs-
wunsch und Bindungsfähigkeit. Mit seiner Anlehnung an
den Herrn demonstriert der Hütehund seinen Charakter
als anhängliches Familientier. Im Hintergrund Geäst und
Buschwerk, wahrscheinlich Regent's Park.

Gleich werden Beatle und Bobtail ihren Auslauf fort-
setzen.

Pauls Bobtail und Googles Überset-
zungsautomat

Das alte englische Sheepdog ist ein großer quadratisch
proportionierter, beweglicher Hund mit einem ausgie-
bigen shaggy Mantel. Der Körper ist stocky muskulös,
gut-ausgeglichen und. Das topline neigt sich aufwärts von
den Widerristen zur Lende. Dieses ungewöhnliche topline
ist eine wichtige Bruteigenschaft. Das Bruststück ist sehr
tief und der ausgedehnte Kasten. Die Vorderbeine sind
mit den kleinen gerade, runden Füßen direkt vorwärts
zeigend. Der große, ziemlich quadratische Kopf wird mit
dem Haar umfasst und einen gut definierten Anschlag hat.
Die kleine Ohrlüge flach. Der Hund kann die blauen oder
braunen Augen oder eins jeder Farbe haben. Die Nase ist

groß und schwarz. Die Zähne sollten in einem Niveau oder festen in einem Scherebissen treffen. Diese Brut ist entweder getragenes tailless (während das NamensBobtail andeutet), oder das Endstück vollständig amputiert wird.

Das alte englische Sheepdog hat einen langen doppelten Mantel mit dem groben Schutzhaar und einem weichen downy undercoat, das den Hund isoliert. Die geltenden Mantelfarben sind blaues, graues, blaues graues oder blaues merle, häufig mit weißen Markierungen. Manchmal ist Weiß die vorherrschenfarbe mit Markierungen der oben registrierten dunkleren Farben. Diese Brut hat ein Rollen, tragen-wie Gait und eine unterscheidend tiefe, laut-schellenbarke.

Das alte englische Sheepdog ist ein leichter, loving und lovable Teddybär. Gleichmäßig-gemildert und anpassungsfähig. Sie sind freundlich schützend, intelligent, zuverlässig und. Es hat einen starken In Herden leben Instinkt und kann versuchen, die Familie, besonders die kleinen Kinder, indem es in Herden zu leben stößt und nicht klemmt, aber, ist mit ihnen anders ausgezeichnet. Wunsch, dann noch etwas spielen.

Das alte englische Sheepdog mag nah an Haus haften. Sie bilden gute Couchkartoffeln! Es ist, sehr viel Teil der Familie aber wünscht auch einige Zeit alleine. Sie können stark-gewillt werden, also dieses feste Training der Brutnotwendigkeiten. Das alte englische Sheepdog ist am In Herden leben und am Nehmen von Anweisungen sehr gut, aber neigt, Befehle vorzunehmen oder tut es ihre eigene Weise, wenn sie denken, dass ihre Weise besser ist. Motivmethoden funktionieren gut. Die Barke des alten englischen Sheepdog klingt wie eine gebrochene Glocke. Diese Brut bleibt «jung» und aktiv für viele Jahre, dann wird plötzlich alt.

(usw.www.dogbreedinfo.com/oldenglishsheepdog. htm)

Wer oder was lügt hier?

Von keinem seiner Organe lässt sich der Mensch so hereinlegen wie von seinem Gehirn. Gut möglich, dass ich einmal mit Bruno durch einen Londoner Park gegangen bin, vielleicht den Belsize Park. Ein Tennisball im Gras könnte uns zu Würfen und Schüssen eingeladen haben, und dabei hätten wir aus Versehen eine lahme Katze getroffen, die dann laut aufjaulte. Vielleicht sind wir von einer alten Frau verfolgt worden, die uns anschrie: «Piss off, you cowards!» Gut möglich, dass diese Frau Ähnlichkeiten mit Anna Freud hatte. Mit jedem Befragen, Erzählen oder Memorieren einer solchen Episode wird das Erinnerte umgeformt abgespeichert. So kann allmählich aus dem Belsize Park der Regent's Park werden, aus dem Tennisball der Fußball, aus der Katze der Hund, usw. Präfrontaler Cortex und Hippocampus arbeiten gern an der Vergrößerung, Verschönerung, Idealisierung des Erlebten. Je mehr Emotionen im Spiel sind (Anna Freud!), desto mehr Veränderungen werden eingebaut. Die Gedächtnisforschung beweist: Gelesene oder im Film gesehene Details, Träume und Phantasien können nahtlos in das wirklich Erlebte integriert werden. Das Gemeine (oder Schöne) daran ist, dass sie uns auch dann lebendig vor Augen stehen wie selbst erlebt, mit festen synaptischen Verbindungen im Mandelkern (Emotionen) und im primären visuellen Cortex verankert. Nichts kann so falsch sein wie die Erinnerung. Darauf eine Arie!

Balls. Apokalypse. Yesterday
Komödie, Inszenierung F. Castorf

Besetzung: Lucy, Junger Mann 1, Junger Mann 2, Sir Paul, Hund, Marlene Dietrich, Hundeschlittenführer, 21 Fußballspielerinnen

1

Vom Schnürboden ein Trapez mit Lucy. Sie schaukelt, beleuchtet von schnell wechselnden grellen Pastellfarben.

Lucy *singt:* Yellow Submarine.

Wenn beim letzten Zuschauer die Assoziation von Swinging London angekommen ist, setzt MG-Feuer ein, Vietnam-Sound. Lucy stürzt vom Trapez und verwandelt sich in eine Fußballspielerin. 21 Spielerinnen in schwarzen Trikots hinzu. Fußballpantomime ohne Ball. MG-Feuer mit Walküre-Klängen wie in Apokalypse now.

Sir Paul *tritt auf als Schiedsrichter mit Pfeife, weißhaarig, ein Greis, Uniform wie auf der Sgt. Pepper's-LP. Er singt nicht, er deklamiert den Text:* I'm fixing a hole where the rain gets in, usw.

Spielerinnen lassen eine nach der anderen vom Fußball ohne Ball ab, umringen Sir Paul.

2

Junger Mann 1 und 2 hinzu, prügeln sich, boxen, treten, bis Blut fließt, von Spielerinnen und Sir Paul unbeachtet. Wenn der letzte Zuschauer die Anspielung «Fixing a hole» verstanden hat, treten erst die Spielerinnen, dann Sir Paul ab.

3

Junger Mann 1 und 2 wie erschlagen am Boden.

Hund *tritt auf, aus dem Souffleurkasten springend, und singt:* Little help from my friends. *Souveränes Spiel-Solo, ohne Ball.*

Marlene Dietrich *im Paillettenkleid:* Where are all the flowers gone.

4

Sir Paul auf Stelzen hinzu, stimmt ein und spielt mit Hund.
Beide junge Männer erheben sich, schauen, staunen.

Paul: Don't be afraid, she is a coward!

Einer fotografiert unablässig Sir Paul mit Hund, der
andere greift zur Video-Kamera. Auf Bildschirm, am Trapez
schaukelnd, Szenen vom Fußball-WM-Endspiel 1966 Eng-
land–Deutschland, jedoch ohne Ball. Hundeschlittenführer
mit einem Neunergespann und einer Standarte der Kom-
munistischen Partei Alaskas saust über die Bühne.

5

Lucy und die anderen Spielerinnen, nun ganz in Grün, tre-
ten auf. Wagner, Walküre.

Spielerinnen und Lucy, Chor: Paul! Paul! Paul!

Allgemeine Kopulation (22 Damen, 3 Herren, 1 Hund),
bis der letzte Zuschauer einschläft. Er oder sie wird geweckt,
auf die Bühne geführt und erhält den Lonely Hearts-Orden.
MG-Feuer. Alle tot. Es regnet Bälle.

Dri Chinisin mit Hindin

Zwie jingi Minnir fiehrin mit inim Iti zim Rigint's Pirk in Lindin. Sie hittin inin Bill dibi ind gingin zi inim dir Bilzplitzi. Dirt kicktin ind schissin sie hin ind hir, inir im Tir. Nichdim sie ini Wieli gispielt hittin, spring in griẞir zittiligir Hind if dis Spielfild ind schnippti ihnin din Bill wig. Liecht virschrickt wisstin sie nicht, wis tin, ils in indirir jingir Minn hinzikim ind friendlich sigti: Din't be ifrid, she is i ciwird! In diesim Mimint irkinntin ihn die bieden Spielir, is wir Pil MicCirtny. Dir Beatl ibir lief mit sinir Hindin schin wiedir witir, virfilgt vin inir Grippi schwirmindir, krischindir Midchin.

Augenzeugenbericht 3

Ja, ich bin den beiden Deutschen nachgelaufen, ich wusste ja ungefähr, wo die spielen wollten, Bruno hat mir das erzählt, und ich wollte einfach sehen, wie Bruno so ist als Spieler, wie er sich bewegt beim Sport und so, ich hab mich hinter Bäumen und Büschen versteckt oder so halb versteckt, ich wollte ja sehen und nicht gesehen werden, ja, ich muss zugeben, ich bin in Bruno verliebt, aber Bruno will mich nicht jeden Tag sehen, sehr verliebt, wenn ich ehrlich sein darf, also ich hatte ja nichts weiter vor und dachte, geh mal in den Regent's Park und guck mal, du wirst die schon finden, und natürlich findet man sich, wenn man sich finden will, und dann sah ich die beiden tatsächlich, Bruno war vielleicht nicht sehr schnell, aber wie er so ausholte mit den Beinen, dieser natürliche Körperschwung, den er hat, das hat mir am meisten gefallen, und wie er lachte, das gefällt mir sowieso immer, und dann ist plötzlich neben mir ziemlich nah der Beatle gelaufen, ja, der Paul mit einem großen Hund, ja, Paul McCartney, und der hat sich erschreckt, weil ich ja so halb versteckt halb vor ihm in den Büschen lauerte, der dachte wohl, ich wollte ihm was antun, dabei hatte ich es doch auf Bruno abgesehen, nur Blicke für Bruno hatte ich, ich sagte sorry, und der schaute ein bisschen verdutzt und hilflos nach seinem Hund, der spielte aber schon mit dem Ball von den beiden, und ging dahin, wo die spielten, vielleicht war er froh, dass er mich los war, die redeten irgendwas, standen einen Moment so rum, und Paul lief dann weiter mit dem Hund, und hinter ihm her rannten plötzlich ganz viele Mädchen, und ich dachte nur, schließ dich ihnen an, vielleicht kriegst du dann auch ein Autogramm, das kannst du dann Bruno schenken zur Erinnerung an diesen Nachmittag und an mich, ich rannte also mit den andern an Bruno vorbei und der hat mich nicht mal erkannt, nicht mal gesehen, weil er nur dem Paul hinterherstarrte, also erst mal war ich irgendwie beleidigt, aber dann dachte ich, der kann ja wirklich nicht wissen, dass ich ganz in seiner Nähe bin und den beigen Mantel anhabe, doch der Gedanke mit dem Geschenk war zu schön gewesen, um wahr zu sein, wir kamen zwar dicht an Paul ran, aber er gab keine Autogramme, dann bin ich doch nach Hause und hab Bruno lieber nichts gesagt, es gefällt ihm natürlich, dass ich verliebt in ihn bin, aber ich glaube, er will nicht, dass ich so völlig verrückt nach ihm bin, wie ich bin, also bitte, bitte, sagen Sie ihm das nicht weiter, das müssen Sie mir versprechen, sonst sag ich gar nichts.

Silbenrätsel

a – a – a – als – an – auf – auf – ball – ball – be – beatle – bei – ber – bolz – cart – chen – co – das – de – dem – den – der – der – der – der – der – die – die – don – don't – ei – ei – ei – ei – ei – ein – ein – er – es – feld – folgt – fraid – freund – fuh – ge – ge – gent's – ger – ger – gros – grup – hat – her – hin – hin – hund – hund – ih – ihn – im – in – in – is – jun – jun – kam – kann – kick – krei – le – leicht – ler – li – lich – lief – lon – mc – mäd – män – mann – men – ment – mit – mit – mo – nach – ne – nem – nem –

nem – nen – ner – ner – ner – ney – nicht – park – paul –
pe – plät – re – ren – rer – sag – schen – schnapp – schon –
schos – schreckt – schwär – sei – sem – sen – ser – she –
sie – sie – sie – spie – spiel – spielt – sprang – te – te – te –
ten – ten – ten – ten – ter – tor – tun – und – und – und –
und – ver – ver – von – war – ward – was – weg – wei –
wie – wuss – ze – zot – zu – zum – zwei

Pressemitteilung: Deutsche wirkten an Optimisten-Hymne der Beatles mit

Eine Sensation aus der Beatles-Forschung gibt der Verband
deutscher Optimisten e.V. (VDO) bekannt: Zwei junge
deutsche Optimisten lieferten Paul McCartney wichtige
Anstöße für die internationale Optimisten-Hymne *Get-*
ting Better. Nur zwei oder drei Stunden vor dem Beginn
der Aufnahmen dieses Songs am 9. März 1967 kam es zu
einer spontanen Begegnung der drei jungen Männer im
Regent's Park in London, unweit der Studios in der Abbey
Road. Die drei spielten zusammen Fußball, balgten mit
Pauls Hund und trennten sich nach einem kurzen, aber
fruchtbaren Gespräch über ihre Lehrer, ihre Freundinnen
und die pessimistische Unart, als Mann den Kopf in den

Sand zu stecken. McCartney eilte beschwingt davon, um diese Stimmung in Wort und Ton festzuhalten. Auch wenn Text und Melodie von *Getting Better* bereits entworfen waren und dann mit den frischen Eindrücken ergänzt wurden, der spezielle optimistische Sound muss eindeutig ein Ergebnis jenes unbeschwerten Nachmittags gewesen sein, wie die Beatles-Forscherin Prof. Rita Froeba (Universität Bamberg) nachgewiesen hat (*Beatlemania* 4/2005, Oxford, 42. Jg, S. 86 ff.). Dank dieser Anstöße konnte *Getting Better* aus dem *Sgt. Pepper's*-Album nicht nur zum typischen Lied der Aufbruchstimmung vor 1968, sondern im Lauf der Jahre sogar zur internationalen Hymne der Optimisten werden, wie der VDO mitteilt.

Italienisiert

An un belschönen griedschgrauen Dschornotag in London arrivierten duzwei jovanile Masken tedesken kon la Maschine am Parko di Redschente. Sie spieltschockierten, kolpierten und kaltschierten kon un Pall auf bengut kuriertem perfekten Pratrasen. Improvisiert saltierte un Kane kollossale mit Arruffierzotteln auf den Kampo sportivo und rubierte den balzenden Pall. Die schreckspaventierten Tschockatoren fermierten. Kommunqindes entrierte un altranderer Masken in die Tschena und parlierte: «Don't be afraid, she is a coward!» Ke Sorpresen! Kwesta Person erawar der piumeist famose Musitschist Paul McCartney! Maber der Beatle fudschierte dschaschon rapidament kon suo Kane kollossale, perweil er seguiert und katschiert wurde von un Gruppo strillierender Fantschullen und lüstlibidinoser Ragazzen.

Sonett (2. Wahl)

Des Mittags Milde treibt euch hin zum Park,
wo Spieler, Sportler sich im Grün gesellen,
auf solchem Rasen fühlt sich jeder stark
und sucht Bewegung mit den leichten Bällen.

Ihr schießt aufs Tor, doch dann kommt angeschossen
ein Riesenhund und schnappt den Ball, rennt weg,
und ihr steht da wie Pudel, wie begossen.
Die Rettung naht aus dem Gebüsch am Eck.

Ein Mann tritt vor und sagt: She is a coward!
Und ihr kennt ihn! Es ist McCartney! Paul!
Der Beatle, während ihr vor Stolz erschauert,
muss rennen, fliehn vor Mädchen-Fan-Gejaul.

So sind des Ruhmes Früchte meistens sauer,
so denkt ihr. Aber Paul weiß das genauer.

Sonett

Oft gingst du hin, den Lederball zu treten,
sogar in London, in dem Regent's Park,
selbst wenn du dich nicht steigerst zum Athleten,
ein Ball auf grünem Rasen macht dich stark.

Doch eines Tags, du wirst ihn nicht vergessen,
sprang eine Töle euch ins Spiel und störte
des Spieles Anmut, Finten und Finessen,
was auch den Paul McCartney sehr empörte.

Der kam und sagte: Sorry, she's a coward!
Und nahm sein Tier von bester Bobtail-Rasse
und floh schnell, während ihr vor Stolz erschauert,
vor dem Gejohle einer Mädchen-Klasse.

So steht ein Bild vom Beatle in dir fest:
Der Ball ist bunt, die Fans, die sind die Pest.

Alles nur geträumt

In einem heftig torkelnden Segelflugzeug flog ich tief über den Ärmelkanal und winkte den Matrosen auf den Schiffen zu. Da kam ein Sturm auf, ich musste notlanden, fand aber lange keinen Landeplatz. In London bin ich gerettet, das wusste ich, und segelte knapp über die Baumwipfel des Regent's Parks, ehe ich dort auf dem Rasen ausrollte. Da stand Bruno, den Fuß lässig auf einem Lederball, und tat so, als hätte er mich mit diesem Ball abgeschossen. Wir begannen sofort zu kicken und zu spielen, ich ging ins Tor. Als ich einen großen zotteligen Hund aus meinem Segelflugzeug springen sah, wurde ich wütend und versuchte ihn mit scharf geschossenen Bällen zu treffen und zu verjagen. Ich verfehlte ihn mehrmals, der Hund rannte hinter dem Ball her und apportierte. Bruno sagte «Feigling» zu dem Tier und schoss den Ball in eine andere Richtung, der Hund fegte hinterher. Aus heiterem Himmel ein Chorgesang, etwas zwischen *Halleluja* von Händel und *All you need is love*. Paul McCartney persönlich leitete den Chor von mindestens sechzig, siebzig, auf jeden Fall ziemlich jungen Mädchen.

Der Rasen

Von unten hat man den Überblick. Trotzdem ist das kein leichtes Leben hier. Man strengt sich an und wächst ein Stück, schon kommen sie mit ihren Maschinen und kappen dir die Spitzen weg. Man wächst wieder brav vor sich hin, und es dauert nicht lange, dann fahren sie mit ihren scharfen Motormessern über dich hinweg. Das tut weh, jedes Mal wieder. Aber danach hörst du die Begeisterung der Leute: Guck mal, wie toll der Rasen aussieht! Das macht einen dann stolz. So geht es eben auf und ab, man muss sich fügen.

Den März hab ich am liebsten, da fängt man langsam zu wachsen an, und es dauert noch lange, bis die erste Mähmaschine anrollt. Man genießt jede Berührung, die Blätter von den Bäumen, die Schuhe und Stöcke der Spaziergänger, die Pfoten der Hunde, die springenden Bälle, und wenn jemand die Decke ausbreitet, um sich hinzulegen. Man knickt ein bisschen ein – und richtet sich dann wieder auf. So geht es eben auf und ab, man fügt sich.

Wir haben Wurzeln, der Mensch hat Beine. Das ist der Unterschied. Man kann Gespräche belauschen, da könnt ich Geschichten erzählen! Was für Unsinn die Leute im Kopf haben, man glaubt es nicht. Einmal im März hörte ich einen Mann über seine Hündin sagen: She's a coward. Dabei war die ganz bestimmt kein Feigling, das konnte ich fühlen, wie sie auf mir herumsprang. Von unten hat man den Überblick.

Einsilbig

Ein Kerl und noch ein Kerl mit Ball, nichts wie hin zum Park auf das Gras zum Spiel. Schuss und Tritt mit dem Fuß und auch Stoß mit dem Kopf gilt vor dem Tor auf das Tor. Der Ball fliegt schön und fällt aus der Luft in die Hand des Warts im Tor und noch mal und noch mal und rollt auch in das Tor. Lust am Spiel, bis ein Hund vom Weg auf das Gras springt und den Ball jagt und nimmt. Kein Kerl hat noch Lust auf das Spiel, nur Angst vor dem Hund. Da tritt noch ein Kerl auf, sieht fesch aus, stellt sich aufs Gras, grinst lieb und sagt: She is a cow. Das ist nicht klar, wer soll die Kuh sein? Das Wort ging noch ein Stück hin, wie war das Wort? Er sagt es nicht noch mal, doch da ist was: Man kennt ihn. Er ist, ja, wer? Er ist doch der Paul, ja, der Paul, der singt und schreibt wie ein Gott, der Star der Stars. Was für ein Glück: Paul so nah, Paul als Mensch, Paul spricht und singt hier auf dem Gras und gibt den Ball her. Doch schon flieht Paul mit dem Hund, er muss fort, weil am Busch am Rand des Wegs ein Schwarm Fans hockt und ihm folgt und ihn jagt und was nur bloß von ihm will. Er rennt weg, der Paul! Und wie er rennt! Was ist nun mit der Kuh?

Klappentext für den Thriller
Der Sgt.-Pepper-Code

Ein verdächtig langweiliger Samstagnachmittag in London. Durch den Regent's Park, unweit der Baker Street und des Sherlock Holmes Museums, laufen zwei deutsche Top-Agenten, als Freizeitsportler verkleidet, einen Fußball kickend. Sie treffen wie zufällig erst auf den Hund von Paul McCartney, dann auf diesen selbst. Die drei tauschen verschlüsselte Parolen aus, observiert von einer als Beatle-Fans getarnten Gruppe weiblicher Detektive …

Kurz darauf bricht der Prager Frühling los und die Aufstände der Studenten in den USA, in Frankreich, Italien und sogar in Deutschland. Die Welt brennt, und im Regent's Park blüht der Rhododendron.

Ein Thriller ohne Leiche. Ein Abgrund des Verrats und der Verschwörungen. Eine Schlüsselszene des 20. Jahrhunderts. Spannung bis zum Anschlag: Wer knackt den Sgt.-Pepper-Code?

Märchen

Es war einmal ein Sänger und Dichter, der hatte die schönste Stimme der Welt und lebte einst in der großen Stadt London. Sein Name war Orpheus, und immer, wenn er zu singen anhob, wurden sogar die bösesten Menschen friedlich und die wildesten Tiere zahm. Und wenn er dann noch mit seinen drei besten Freunden sang und spielte, stellte jeder, der sie hörte, seine Tätigkeit ein und lieh ihnen das Ohr. So unterbrachen der Koch in der Küche, der Schuhmacher in der Werkstatt, der Gelehrte in der Bücherstube und die Königin im Thronsaal ihre Arbeit, wenn sie nur Orpheus und seine Freunde zu hören bekamen. Sie nannten sich Käfer, weil sie jedwede Kreatur bis hin zu den Kriechtieren mit ihren Stimmen beglücken wollten.

Orpheus ging deshalb besonders gern in Wald und Feld hinaus oder in die Parks von London, die mit Tausenden von Pflanzen und Hunderten von Tieren gesegnet waren. Dabei nahm er am liebsten seinen gutmütigen Hütehund mit. Eines Tages nun, als er so vor sich hin summte und dichtete und alle Kreatur in ihrer Geschäftigkeit innehielt oder sich ihm gar zu Füßen warf, um seinem Summen zu lauschen, traf er auf zwei rohe Gesellen, die mitten in der herrlichen Natur mit den Füßen auf ein Stück Leder traten und es grob durch die Luft schleuderten, dabei die Beine verdrehten und ihre Körper auf die wunderlichste Art bewegten. Und dabei scherten sie sich nicht im Geringsten um den berühmten Sänger. Ei!, dachte Orpheus, ihr Kerle seid wohl ohne Ohren auf diese schöne Welt gekommen! Da schickte er seinen Hütehund zu ihnen, um sie das Hören zu lehren. Der Hund nahm ihnen das Leder fort, sodass die beiden rohen Gesellen ihr wildes Treiben beenden mussten. Nun trat Orpheus selbst auf sie zu und sang: Fürchtet euch nicht!

Schon diese wenigen Silben genügten, um die beiden Gesellen zu verzaubern. Es war ihnen so seltsam zumute, als würden ihnen die Ohren neu aus dem Kopfe wachsen. Sie vergaßen das Leder und all ihr ungebührliches Benehmen, lasen den Lippen des Sängers noch weitere Töne ab und bestaunten seine himmlische Erscheinung. Obwohl Orpheus sich bald wieder zum Gehen wandte und auf gewundenen Wegen mit seinem treuen Hütehund enteilte, sind die beiden Gesellen seitdem bei ihrem Lob des Sängers nicht müde und nicht geizig geworden und bewahren bis auf den heutigen Tag seine unvergesslichen Töne in ihren Herzen und haben nie mehr so grob wie einst auf wehrloses Leder getreten.

Orpheus aber erinnerte sich des Abends an die beiden Gesellen und sang für sie mit seinen Freunden ein neues Lied: *Getting Better*, auf gut Deutsch *Es wird besser, es wird immer besser*. Und wenn er nicht gestorben ist oder selbst wenn er gestorben ist, singt man dieses Lied noch heute.

Anfangen

Ehrlich gesagt, und beim Schreiben soll man ja ehrlich sein: Nie weiß ich, wie ich anfangen soll. Der Anfang ist immer das Schwerste, das ist das Einzige, was ich weiß. Wenn man einen guten Anfang hat, geht alles wie von allein. Das war schon in der Schule so. Inzwischen hab ich viel dazugelernt und Kurse gemacht, denn ich schreibe ja so gern. Das Schreiben liegt mir eigentlich, das sagt auch meine Freundin. Aber mit den Anfängen tu ich mich immer noch schwer. Das ging Thomas Mann und vielen großen Autoren auch so. Die Frage ist ja, ob man mit den Personen anfängt oder mit dem Ort oder mit der Zeit. Also mit den beiden Männern oder mit dem Park oder mit den Swinging Sixties. Und wenn ich mich entschieden habe, mit den Personen anzufangen, muss ich schon wieder entscheiden, ob mit den Haupt- oder den Nebenfiguren, das wird dann noch schwieriger. Ich muss mich dauernd entscheiden, deshalb komm ich gar nicht zum Schreiben. Das ist das Problem. Auch beim Ort muss man sich genauer festlegen, zum Beispiel London oder der Park oder eine Ecke im Park. Und bei der Zeit wird es noch komplizierter. Und dann die Tempus-Frage! Gegenwart, Perfekt oder Vergangenheit, daran hängt doch alles. Ich seh schon, ich werde heute wieder nicht bis zu Paul McCartney kommen, zum Happy End mit den Mädchen sowieso nicht. Ich werde morgen noch einmal von vorn anfangen. Man darf beim Schreiben nie aufgeben.

Fortsetzungsroman

Am folgenden Morgen erwachte Bruno spät. Zuletzt hatte er geträumt, in einer langen Schlange vor einem Lebensmittelladen in der Kilburn High Road zu stehen und starken Hunger zu spüren. Der Wecker, der abgestellt war, zeigte Viertel vor elf.

Er stand auf, warf den Morgenmantel über, ging eine Treppe hoch ins Bad und duschte. Als er seine Beine abtrocknete, musste er wieder an Lindas Eifersucht denken. Er prüfte sein Gesicht in dem kleinen fleckigen Spiegel über dem Waschbecken. Alles in Ordnung. Er hatte keine Lust mehr auf solche Szenen wie gestern Abend. Besonders dann, wenn es keine Gründe dafür gab. Oder gab es Gründe?, überlegte er, als er das Teewasser aufsetzte, den Schinken in die Pfanne legte und drei Eier aufschlug. Nein, Jane war wirklich kein Grund. Er nahm sich vor, nicht weiter darüber nachzudenken, frühstückte in aller Ruhe und las den *Guardian*.

Es wurde Mittag, der Himmel war bedeckt und grau meliert. Bruno öffnete das Fenster, ein angenehm lauer Wind wehte ihn an. Jeder Atemzug in dieser Luft ist mehr wert als jede Eifersuchtsdebatte, dachte er und wollte schon Linda anrufen. Nein, sie hatte den Streit angefangen, sie sollte anrufen. Er zwang sich zu arbeiten. Linda rief nicht an. Nach zwei Stunden hielt Bruno es nicht mehr aus, es zog ihn in die frische Luft, in die Parks, laufen oder Fußball spielen. Er ging zu Freds Tür nebenan. Und klopfte.

Gegendarstellung

Die Darstellung meines Spaziergangs im Regent's Park am
9. 3. 1967 im *Daily Mirror* vom 11. 3. 1967, Seite 5, (und im
Buch von Friedrich Christian Delius, *Die Minute mit Paul
McCartney*, S. 7) entspricht in sechs Punkten nicht den
Tatsachen.

1. Es ist nicht richtig, dass mein Bobtail ein Hund sei.
Richtig ist vielmehr, dass sie eine Hündin ist.

2. Es ist nicht richtig, dass meine Hündin die jungen Männer, die im Park Ball spielten, oder einen von
ihnen gebissen habe. Richtig ist vielmehr, dass es zu
keiner Beißhandlung seitens meiner Hündin gekommen
ist.

3. Es ist nicht richtig, dass ich geflohen sei. Richtig ist
vielmehr, dass ich die etwas erschrockenen jungen Männer beruhigt habe mit dem Satz: «Don't be afraid, she is
a coward!»

4. Es ist nicht richtig, dass ich nicht auf einen Notarzt gewartet hätte. Richtig ist vielmehr, dass es keinerlei
Notwendigkeit für das Erscheinen eines Notarztes gegeben hat.

5. Es ist nicht richtig, dass eine Gruppe junger Mädchen versucht habe, mich zu stellen. Richtig ist vielmehr,
dass diese Mädchen von mir nichts weiter wünschten als
Autogramme, Küsse und Verabredungen.

6. Es ist nicht richtig, mir oder meiner Hündin eine
antideutsche Haltung zu unterstellen. Richtig ist vielmehr,

dass ich nicht einmal erkannt habe, dass die beiden jungen Männer deutsche Studenten waren.

London, 11. Mai 2005,
Paul McCartney

Anmerkung des Rowohlt Verlages: Der Verlag ist gemäß § 10 des Berliner Pressegesetzes vom 15. Juni 1965 verpflichtet, formal korrekte Gegendarstellungen unabhängig von ihrem Wahrheitsgehalt zu veröffentlichen.

Und wie war es wirklich?

Brief des Autors (24) an seine Schwester (17). Geli ist die jüngere Schwester (14).

6. Mai

Beste Bri,

die tollste Nachricht, die ich habe, will ich gleich loswerden (leider nicht, was Dir ein spezielles Entzücken verschaffen könnte – das kommt vielleicht erst ½ noch). Also, wir haben letzten Freitag einen ganz großen Engländer, den 2. oder 3.-prominentesten, den ,langhaarigen Hundebesitzer, der schönsten aller vier Beatles, Mr. Paule getroffen. Wir spielten in einem Park Fußball, da kam er mit einem Bart (Schnauz) und einem ganz großen Hund (kein Schnauz), und der Hund spielte mit unserm Ball (und beleckte ihn, dies unerzogene Ferkel) und wir wechselten ein paar Worte und der Paul sagte, der Hund sei ein coward (darfst selber nachsehn, was das heißt). Leider hat er uns nicht gebissen, da hätten wir

↑ der Paul

93

sicher ein dicker Schmerzensgeld
gekriegt. Und die Geli soll
ich schön von ihm grüßen (vom
Hund, der wo meinen höchstper-
sönlichen Fußball höchstpersönlich
abgeleckt hat). Und heute
spielten wir wieder Fußball,
da kam der Hund wieder
mit seinem Paule angewackelt,
aber es liefen lauter kleine Mädchen hinter ihnen her, und da
hatte es der Paul sehr eilig und
sein armer Hund durfte nicht
mit unserm Ball spielen und
nicht mal lecken. Heute hatte
er übrigens keinen Schnauz mehr
(also, wenn jetzt noch in der Bravo
steht, die Beatles hätten Bärte, soll
die Geli einen Protestbrief schreiben:
mindestens seit dem 6. Mai hat
der Paul keinen mehr – dafür
leg ich meine Hand und den von
dem seinen Hund abgeleckten Ball
ins Feuer). Sehr bedeutend, nicht
wahr.
Also, grüß die Mutti + die Geli schön,
und freu Dich am schönen Mai etwas mehr
als Dein Bruderherz Fittus

Editorische Notiz

Die Memo-Arien erschienen zuerst 2005 im Transit Verlag, Berlin; drei Jahre später erfolgte eine Taschenbuchausgabe bei Rowohlt (rororo 24652).

Das Hörbuch «Die Minute mit Paul McCartney», vom Autor selbst gesprochen, kam 2008 bei Antje Kunstmann heraus (CD, 70 Minuten).

Rezension

«Es beginnt mit einer kleinen Zeitungsnotiz, die davon berichtet, dass am 9. März 1967 um exakt 16.09 Uhr der Hund von Beatle Paul McCartney im Londoner Regent's Park zwei deutsche Studenten gebissen habe; es endet schließlich mit Paul McCartneys Gegendarstellung, datiert auf den 11. Mai 2005. Dazwischen liegen 64 kurze und (Kürzest-)Texte von einer halben bis zu zwei Seiten Länge, in denen F.C. Delius diese vermeintliche Begebenheit – unerhört kann man sie wohl nicht nennen, eher zufällig und alltäglich – bis in die feinsten Verästelungen, Aspekte, Perspektiven und Ansichten durchmustert, ausleuchtet, betrachtet. Für wert befindet, sie in ein launiges Spiel der Phantasie mit den Begriffen Wahrheit und Wirklichkeit, Kunst als Schein und Vorschein zu verwandeln. (…) Nicht allein, dass Delius listig Erwartungshaltungen unterläuft, seine Textsammlung ließe sich darüber hinaus noch als wunderbarer Beleg für die Anfangsgründe aller (potenziellen) Literatur lesen und verstehen: nämlich als raffinierte Inszenierung von unzähligen Möglichkeiten sowie als sprach- und textgewordenes Erstaunen darüber, dass längst nichts mehr sicher auf dieser festen wohl- gerundeten Erde ist. Im Gegenteil. Deshalb ist dann auch die augenzwinkernd vorgetragene wissenschaftlich-seriöse Erklärung nicht weit: ‹Die Gedächtnisforschung beweist: Gelesene oder im Film gesehene Details, Träume und Phantasien können nahtlos in das wirklich Erlebte inte- griert werden. Das Gemeine (oder Schöne) daran ist, dass sie uns auch dann lebendig vor Augen stehen wie selbst erlebt, mit festen synaptischen Verbindungen im Man- delkern (Emotionen) und im primären visuellen Cortex verankert. Nichts kann so falsch sein wie die Erinnerung. Darauf eine Arie!» *(Werner Jung, Neues Deutschland)*

Friedrich Christian Delius

geboren 1943 in Rom, gestorben 2022 in Berlin, wuchs in Hessen auf und lebte seit 1963 in Berlin. Zuletzt erschie- nen der Roman «Wenn die Chinesen Rügen kaufen, dann denkt an mich» (2019) und der Erzählungsband «Die sie- ben Sprachen des Schweigens» (2021). Delius wurde unter anderem mit dem Fontane-Preis, dem Joseph-Breitbach- Preis und dem Georg-Büchner-Preis geehrt. Im Rowohlt Taschenbuch Verlag erschienen seine Bücher als Werkaus- gabe.